赵海建　编著

抖音电商

教你如何从建号、引流到带货

化学工业出版社

·北京·

《抖音电商：教你如何从建号、引流到带货》分别从抖音基础、引流推广、直播带货、带货变现4个模块解读，包括初步了解抖音平台、抖音账号运营的技巧、抖音平台引流技巧、抖音直播的技巧、有偿服务广告变现、线上线下商业变现和网红打造IP变现等，帮助读者快速入门，成为抖音短视频运营和推广的高手！

本书结构清晰明了，实操性强，适合期望通过抖音赚钱的普通人、通过抖音卖产品的商家企业、专注短视频风口的创业者以及渴望通过抖音变成"大V"的自媒体人阅读。

另外，想要为线下门店引流的实体店店主、希望借助抖音平台打造品牌的企业，也能从本书中得到一些经验和借鉴。

图书在版编目（CIP）数据

抖音电商：教你如何从建号、引流到带货/赵海建编著. —北京：化学工业出版社，2020.5（2023.1重印）
ISBN 978-7-122-36252-0

Ⅰ.①抖⋯ Ⅱ.①赵⋯ Ⅲ.①网络营销 Ⅳ.①F713.365.2

中国版本图书馆CIP数据核字（2020）第030621号

责任编辑：刘 丹	美术编辑：王晓宇
责任校对：栾尚元	装帧设计：水长流文化

出版发行：化学工业出版社（北京市东城区青年湖南街13号 邮政编码100011）
印　　装：北京缤索印刷有限公司
787mm×1092mm 1/16 印张15 字数290千字 2023年1月北京第1版第6次印刷

购书咨询：010-64518888　　　　　　　　　　　售后服务：010-64518899
网　　址：http://www.cip.com.cn

凡购买本书，如有缺损质量问题，本社销售中心负责调换。

定　价：68.00元　　　　　　　　　　　　　　　　版权所有　违者必究

互联网时代的来临,带来了太多有趣的东西,同时也给我们带来了许多掘金的机会,而互联网的最大金矿之一就是自媒体。

在这个时代,哪里有流量,哪里就能产生交易。抖音这个能够让用户一看便欲罢不能的超级平台,个人玩家前期或许是因为兴趣爱好、赶时髦玩起了抖音短视频,但兴趣总会有淡去的一天,唯有介入商业盈利,方可有持续动力保持运营活力,于是出现了"抖商"。

什么是抖商?抖商就是抖音电商,通过抖音短视频展示自己的作品和产品,可快速打造个人IP和进行产品宣传,让粉丝增加,并且通过产品橱窗、淘宝店、微信将粉丝转化成为客户。

回顾我国互联网历史,新平台崛起时带来的电商红利期出现过三次:第一次是2003年淘宝成立,无数人涌入淘宝,从一家淘宝小店开启了电商之旅;第二次是2011年微信诞生,之后的几年时间内,微商在朋友圈横冲直撞;第三次是如今随着5G时代的来临,抖商将成为下一个风口!

抖音近两年来强势崛起,精准的定位使用户数量高速增长,全球用户已达到10亿,爆炸的流量背后是无限的商机。卖产品的、搞培训的、做微商的,都在这短视频浪潮中,利用抖音庞大的流量作为入口,变现赚钱。微商,是因为有庞大的微信用户基数作为支撑;而现在,抖音成为了国民碎片时间的第一大杀器,是让人能够平均每天占用51分钟的现象级应用,是让人一刷几个小时都停不下来的精神食粮。

如今,像人民日报、人民网、CCTV、全国各大电视台、中国好声音、阿里巴巴、腾讯、百度、京东、支付宝、平安保险、宝马中国、奥迪、路虎、中国四大银行等各大企事业单位,以及薛之谦、唐嫣、邓超、孙俪、柳岩、杨幂、黄晓明、网红papi酱等大多数明星都已入驻抖音平台,如同公众号一样,抖音也会成为一个人或企业的标配。更值得一提的是,抖音的海外版"TikTok"在很多国家也都借助本地化运营实现了突破,现已覆盖全球150个国家和地区,先后登顶日本、泰国等多国App Store排行榜。

错过了电商,错过了微商,你还想再错过抖商吗?抖音平台可以带货销售,从2018年5月份的100万粉丝要求,到7月份的50万,再到8月份的20万,再到10000粉丝、1000粉丝，抖音在逐步降低购物车的开通门槛。微信让朋友圈变成流行，火了微商；现在抖音让视频变成流行，抖商即将火起来！伴随着高流量的涌入，越来越多的行业都聚焦于此，除了怎么在抖音上获得点赞和涨粉外，被关心最多的一个问题就是：怎么通过抖音变现？

本书的核心就在于此，从教大家如何在抖音建号开始，到在抖音接广告、带货、做直播、打造个人IP等实现流量变现，以及对更为核心的内容，即变现的基础——如何引流，进行了全面、深入、详细讲解。可谓是真正通过一本书，手把手教你从零开始玩转抖音。

关于抖音的基础、引流、卖货、直播、变现等，每一个内容市场上都有单独的书，而本书要做的，是精华内容的筛选和提炼，是重点、痛点的分析和解决，让读者花1本书的钱，获得5本书的价值。全书通过13章专题，助你轻松打造人气爆棚的抖音短视频，成为抖商卖货达人。如果你是微商、自媒体人、个人抖音爱好者、新媒体、企业等，均可以通过本书更好地开展短视频运营，快速积累粉丝！

本书由赵海建编著，谭焱等人在笔者的创作过程中提供了帮助。由于笔者知识水平有限，书中难免有疏漏之处，恳请广大读者批评、指正，联系邮箱：itsir@qq.com。

编著者

目录

抖音基础篇

第1章 抖音电商入门：抖音短视频大商业来临

1.1 在抖音诞生的全新职业
 1.1.1 播商是什么   3
 1.1.2 抖商是什么   5
 1.1.3 抖商能赚钱吗   6
 1.1.4 抖商怎么赚钱   9

1.2 如何把娱乐变成生意
 1.2.1 塑造自媒体IP形象   12
 1.2.2 抖音或者直播引流   14
 1.2.3 微信私号沉淀客户   16
 1.2.4 社群管理核心客户   18
 1.2.5 流量转移网店成交   18
 1.2.6 扩展代理复制模式   19

1.3 月入3万元的抖音号是怎样做出来的
 1.3.1 抖音流量推荐机制   20
 1.3.2 抖音用户画像特征   21
 1.3.3 精准的大数据分析   22
 1.3.4 打造专业的团队   25
 1.3.5 抖音如何养号   26

第2章 账号运营：定制特色抖音名片

2.1 5个步骤定制你的抖音账号
 2.1.1 注册账号   30
 2.1.2 账号认证   32
 2.1.3 名字修改   33

III

	2.1.4 头像修改	35
	2.1.5 简介编写	36
2.2	**轻松熟悉抖音的4大界面**	
	2.2.1 "首页"界面	37
	2.2.2 "关注"界面	39
	2.2.3 "消息"界面	40
	2.2.4 "我"界面	41
2.3	**抖音运营的6大注意事项**	
	2.3.1 遵守抖音平台的规则	42
	2.3.2 不要随意删除短视频	43
	2.3.3 选择合适的发布时间	43
	2.3.4 注重团队力量的发挥	44
	2.3.5 分析相关数据做好复盘	45
	2.3.6 避开抖音运营的各种坑	46

第3章
账号定位：学会人格化打造高流量IP

3.1	**如何精确地找准定位与人设**	
	3.1.1 人设到底是指什么	50
	3.1.2 7个做好人设的要素	51
	3.1.3 学会给自己贴上合适的标签	54
	3.1.4 用一个词描述你自己	55
	3.1.5 分析同行，找到未被满足的点	55
	3.1.6 思考人设可以满足大众的需求点	56
3.2	**精准定位才是短视频成功的关键**	
	3.2.1 根据爱好和优势，确定行业定位	57
	3.2.2 根据目标用户，确定人群定位	58
	3.2.3 根据个人优势，确定个人定位	58
3.3	**定位4大步，自身定位轻松找到**	
	3.3.1 定赛道	59

3.3.2	定类型及呈现方式	60
3.3.3	定标签	60
3.3.4	定差异化展示	60

3.4 打造人格化IP，需要掌握哪6点

3.4.1	"6部曲"策划流程把账号打造成IP	62
3.4.2	人格化IP的"人性"特征要如何设计	71
3.4.3	人格化因子要为"人的心理需求"代言	72
3.4.4	IP的形成是有过程的：塑造到成型再到深入	72
3.4.5	阶段不同，打造人格化IP的内容体系也不同	73
3.4.6	一定要持续创新和输出内容，保持账号活跃	74

第4章
热门技巧：
短视频快速突破10W赞

4.1 上热门有哪些要求你知道吗

4.1.1	个人原创内容	76
4.1.2	视频完整度	76
4.1.3	没有产品水印	77
4.1.4	高质量的内容	77
4.1.5	积极参与活动	77

4.2 抖音轻松上热门的6大技巧

4.2.1	打造人格化的IP	78
4.2.2	挖掘独特的创意	79
4.2.3	发现生活的美好	80
4.2.4	拍摄内容正能量	80
4.2.5	拍摄反转的剧情	82
4.2.6	紧抓官方热点话题	82

4.3 关于抖音的10大热门内容

4.3.1	高颜值的帅哥美女	83
4.3.2	搞笑视频、段子	84
4.3.3	才艺高手	85

4.3.4 恶搞、模仿	87
4.3.5 创意类、特效党	89
4.3.6 美景、旅游分享	90
4.3.7 爱演的"戏精"	92
4.3.8 萌娃、萌宠	93
4.3.9 正能量	96
4.3.10 炫技能	98

引流推广篇

第5章 抖音引流：不能错过的优质新流量池

5.1 掌握抖音引流的4个基本技巧	
5.1.1 积极添加话题增强视频热度	101
5.1.2 定期发送用户感兴趣的内容	102
5.1.3 根据账号定位发布原创视频	102
5.1.4 抛出诱饵吸引目标受众目光	103
5.2 9个爆发式引流的方法	
5.2.1 硬广告引流法	103
5.2.2 抖音评论区引流	104
5.2.3 抖音矩阵引流	105
5.2.4 利用抖音热搜引流	106
5.2.5 抖音原创视频引流	106
5.2.6 跨平台引流	107

5.2.7	线上引流	108
5.2.8	线下引流	109
5.2.9	搬运视频引流	110

5.3 头条系的社交引流新工具—多闪

5.3.1	多闪主动加人引流	110
5.3.2	多闪互动工具引流	112
5.3.3	同城附近位置引流	113

第6章 微信引流：把精准粉丝导流微信成交

6.1 抖音导流微信，最大化挖掘粉丝价值

6.1.1	利用微信沉淀流量，获取精准用户	116
6.1.2	深度沉淀流量，维护抖音的粉丝	118
6.1.3	挖掘用户价值，打造高转化成交场景	119

6.2 平台互推导流，7种微信导流的方法

6.2.1	在视频内容中露出微信号	120
6.2.2	在账号简介中展现微信号	120
6.2.3	在抖音号当中设置微信号	121
6.2.4	上传的背景音乐设置微信	121
6.2.5	在个人头像上设置微信号	122
6.2.6	通过设置关注的人引流	122
6.2.7	大号给小号作品点赞引流	122

第7章 引流卖货：让你的粉丝们不再只是看客

7.1 抖商产品的选择标准有哪些

7.1.1	高毛利	125
7.1.2	复购率高	125
7.1.3	客户刚需	125

7.2 直达淘宝的一站式购买

7.2.1	信息流，内容营销引流到店铺	126
7.2.2	外链发布，跳转H5店铺页面	126

7.2.3	抖音购物车，关联淘宝的商品	127
7.2.4	商品橱窗，直接进行商品销售	128
7.2.5	抖音小店，抖音内部完成闭环	128
7.2.6	鲁班店铺，快速上架推广商品	130
7.2.7	DOU＋加热，提升电商点击率	131

7.3　5种方法吸引粉丝到店消费

7.3.1	认证蓝Ｖ账号，帮助企业引流带货	132
7.3.2	POI信息，商家可以在抖音上开店	133
7.3.3	扫码拍视频领券，为线下门店导流	134
7.3.4	店铺主页领券，促进用户的进店率	135
7.3.5	话题挑战，快速引爆线下门店流量	135

直播带货篇

第8章　商品分享：开启抖商卖货之旅

8.1　快速开通抖音商品分享功能

8.1.1	什么是商品分享功能	139
8.1.2	开通商品分享功能的步骤	139
8.1.3	开通商品分享功能的好处	141
8.1.4	开通商品分享功能的条件	141
8.1.5	商品分享开通后的注意事项	142

8.2　借助商品橱窗进行集中分享

8.2.1	什么是抖音商品橱窗	142

		8.2.2 了解电商橱窗禁售类目	143
	8.3	分享商品开启抖音卖货之路	
		8.3.1 在视频中分享商品	150
		8.3.2 在直播中分享商品	151
		8.3.3 商品分享的常见成交场景	153

第9章 直播修炼：短视频直播造就网红经济

9.1	直播内容的主要形式有哪些	
	9.1.1 直播内容：4大主要形式	160
	9.1.2 网络直播：其他内容形式	160
9.2	直播有哪些典型的内容形式	
	9.2.1 游戏：内容玩法和市场推广是要点	161
	9.2.2 才艺：分享个人才艺来获得收入	162
	9.2.3 动漫：经久不衰的二次元动漫文化	162
	9.2.4 语音：在情感上的表达更加丰满	163
	9.2.5 搞笑：内容要多思考、多下功夫	164
	9.2.6 文学：要相信"书中自有黄金屋"	164
9.3	主播的6大专业成长是什么	
	9.3.1 成长一：专业能力	165
	9.3.2 成长二：语言能力	167
	9.3.3 成长三：幽默技巧	168
	9.3.4 成长四：应对提问	170
	9.3.5 成长五：心理素质	172
	9.3.6 成长六：警惕雷区	173

第10章 直播运营：抓住直播的风口快速盈利

10.1	了解作用，更好地玩转抖音直播	
	10.1.1 拉动平台用户增长	177
	10.1.2 提升平台用户活跃度	177
	10.1.3 提高平台用户留存率	178

10.1.4	促进用户分享和拉新	179
10.1.5	增强平台的社交属性	179
10.1.6	重视舆论导向承担责任	180

10.2 如何玩转抖音直播

10.2.1	抖音热门直播的3个重要入口	180
10.2.2	抖音直播必须思考的3个问题	182

10.3 4种打造火爆直播的玩法

10.3.1	建立更专业的直播室	184
10.3.2	设置一个吸睛的封面	185
10.3.3	选择合适的直播内容	185
10.3.4	掌握直播的互动技巧	185

10.4 3大直播输出IP的产业链

10.4.1	主播：才艺内容与平台扶持是关键	186
10.4.2	公会：打造IP为娱乐带来新生态	187
10.4.3	平台：完善产业链构建新商业模式	188

带货变现篇

第11章 高效变现：轻松实现年赚百万

11.1 如何利用商品或服务实现变现

11.1.1	自营店铺直接卖货	191
11.1.2	帮人卖货赚取佣金	191
11.1.3	开设课程招收学员	192

11.1.4 有偿服务获取收益　192

11.2 抖音上最容易变现的3大内容

11.2.1 好物推荐：抖音种草号的内容　193

11.2.2 产品测评：能立马变现的内容　194

11.2.3 做好这几步让你的产品卖脱销　195

11.3 借助粉丝力量的几种变现方式

11.3.1 将流量引至实体店　198

11.3.2 通过直播获取礼物　200

11.3.3 打造社群寻找商机　201

11.3.4 让粉丝流向其他平台　201

第12章 广告带货：软植入实现品牌合作营销

12.1 广告植入的5大常用类型

12.1.1 优势明显的贴片广告　203

12.1.2 独具创意的植入广告　204

12.1.3 量身定做的品牌广告　204

12.1.4 双方变现的冠名广告　205

12.1.5 有利有弊的浮窗广告　207

12.2 抖商如何进行广告合作变现

12.2.1 了解短视频广告合作中的角色　208

12.2.2 短视频广告合作的变现流程　209

12.3 抖音带货视频广告的6大技巧

12.3.1 具有神奇功能的创意产品　211

12.3.2 放大产品的优势，增强记忆　212

12.3.3 根据产品的特点策划段子　213

12.3.4 分享干货的使用技巧　213

12.3.5 在场景植入中露出品牌　214

12.3.6 提升用户体验，打造口碑　215

第13章
IP打造变现：
掘金新"网红"经济时代

13.1 抖商"网红"的出路在哪里

13.1.1 打造强大变现带货能力　　217
13.1.2 选品和内容的相关程度　　217
13.1.3 红人与品牌的合作深度　　217

13.2 IP＋品牌，形成抖音变现的新渠道

13.2.1 探索抖音和IP的共性　　218
13.2.2 做好品牌变现的定位　　219
13.2.3 制作热门的视频内容　　220
13.2.4 选择合适的活动方式　　220
13.2.5 塑造核心IP价值观　　221
13.2.6 依靠用户的信任变现　　222

13.3 如何利用IP变现

13.3.1 多向经营实现增值　　222
13.3.2 利用名气承接广告　　223
13.3.3 出版图书内容变现　　224
13.3.4 转让账号、形象代言　　225
13.3.5 直播卖货和刷礼物　　225
13.3.6 内容付费培训服务　　226

抖音
基础篇

第1章

抖音电商入门：抖音短视频大商业来临

要点展示
- 在抖音诞生的全新职业
- 如何把娱乐变成生意
- 月入3万元的抖音号是怎样做出来的

学前提示

如果要说现在最火的App是什么？绝大多数人应该会说是抖音短视频App。自2016年9月上线至今，抖音成功带火了许多网红和商品。许多人纷纷表示抖音时代已经来临。

抖音时代的来临，也给许多人带来了创业机会。而借助于抖音的一种新电商形式——抖音电商（简称"抖商"），也开始出现在大众视野中。

1.1 在抖音诞生的全新职业

抖商是随着抖音的火热而诞生的一种全新职业，从淘宝电商到微信朋友圈的微商，再到如今抖音的抖商，移动互联网使得创业的门槛越来越低，让大家做生意、当老板的可能性越来越大，这些都让电商的岗位一直处于变迁之中。

同时，传统电商也不甘示弱，如阿里推出了大量的内容创作平台，包括短视频、淘宝头条以及淘宝直播等，积极向内容电商和社交电商领域靠拢，试图借助抖商的风口，巩固自己的电商巨头地位。

本节将介绍抖商的具体概念以及抖商是怎么赚钱的，帮助大家揭开抖商的神秘面纱。

1.1.1 播商是什么

要认识抖商，首先要认识"播商"，可以说"播商"为抖商的成功奠定了基础。播商就是指那些通过直播平台，如西瓜直播、淘宝直播、一亩田直播、头条直播以及快手直播等平台来推广品牌或直接销售商品的自然人。

下面以西瓜视频为例，介绍开通直播权限的具体方法。

（1）下载并安装好西瓜视频App后，进入主界面，点击右下角的"我的"按钮，如图1-1所示。

（2）进入"我的"界面，点击页面中的"开直播"按钮，如图1-2所示。

图1-1 点击"我的"按钮

图1-2 选择直播功能

(3)弹出信息提示框，提示用户要进行实名认证，点击"确定"按钮，如图1-3所示。

(4)进入"实名认证"界面，需要填写真实的个人信息以完成实名认证，如图1-4所示。

图1-3　点击"确定"按钮　　　　　　图1-4　填写真实的个人信息

(5)实名认证成功后，需要签订相应的开播协议，即可成为西瓜直播的主播，如图1-5所示。

(6)西瓜直播支持电脑、手机等多种开播形式，如选择"手机开播"方式后，只需要设置相应的直播间标题、封面即可马上开播，如图1-6所示。

图1-5　成为西瓜直播的主播　　　图1-6　设置直播间标题、封面　　　图1-7　播商就是通过直播来推广或卖货

开通西瓜视频的直播权限后,用户即可在直播过程中推广自己的产品,或者为淘宝店铺和微店等平台引流,吸引粉丝下单购买,即可成为播商,通过直播做生意,如图1-7所示。

1.1.2 抖商是什么

如果说播商是基于直播平台做生意,那么抖商则是基于抖音平台来做生意。抖商通过短视频的形式进行引流,然后通过广告、知识付费、门店引流、直接卖货或者打造IP来变现。当然,主要还是抖音的名气大、用户多,所以大家都将其冠名为抖商。

很多微商和电商领域的大咖,如今都纷纷转型抖商。同时,还有大批的创业者也寄希望于抖商,试图在短视频流量红利期分得一杯羹。在移动互联网时代,创业者一定要记住一句话,那就是"用户在哪里,我们就去哪里"。"用户为王"的时代,创业者必须紧跟用户的步伐。

尤其是面对那些越来越个性、爱好越来越不同、媒体接触习惯越来越碎片化的消费者,创业者只有抓住这种流量的风口,才能更高效、更低成本地接触到消费者。面对自媒体潮流,很多企业选择代运营,结果花了很多钱,效果却非常一般;很多人选择微信、微博等新媒体平台,结果往往沦为媒体广告的媒介;也有很多人选择了用抖音拍短视频,结果一年就轻松吸粉几十万甚至上百万。

如图1-8所示,这是一家卖汽车改色膜产品的企业,通过在抖音上上传大量的产品安装视频,用精美的产品安装效果吸引了大量有需求的用户下单购买。

图1-8 抖商可以在抖音上推广产品并直接卖货

正是这些有先知先觉的人,他们非常看好抖音平台的巨大流量风口,因此纷纷撸起袖子上抖音,在短视频领域投入了大量的时间和精力。不仅仅是微商和电商创业者,很多传统行业也把目光放到了抖音上,期待实现百万曝光,为产品或服务带来更多销路。例如,一汽大众是传统汽车行业中的巨头企业,也经常在抖音平台上发布广告和发起话题,来推广产品、增加品牌曝光量,吸引了大量品牌忠实粉丝的关注,如图1-9所示。

图1-9　一汽大众品牌的抖音账号

1.1.3　抖商能赚钱吗

要知道,仅抖音单个平台来说,其用户数量就达到了数亿级。根据百度发布的"2019内容创作年度报告"显示,短视频应用用户规模已经达到5.94亿,占整体网民规模的比例高达74.19%。

在传统微商时代,转化率基本维持在5%～10%,也就是说,100万的曝光量最少也能达到5万的转化率。对于短视频这样庞大的数量流量风口,吸引力当然比微商更强。

1. 强大的引流带货能力

例如,在抖音的好物联盟榜单中,一共有5大类人气好物推荐官,分别是美食、女装、美妆、生活和男装,如图1-10所示。

图1-10 人气好物推荐官获奖名单

2. 简单易创作的内容形式

图1-11所示是"周末不休息了"发布的系鞋带短视频,吸引了50多万人点赞,系个鞋带也能轻松变现,通过抖音的"视频中同款商品"的推广功能,用户可以直接在线购买。"周末不休息了"主要发布一些穿搭短视频,如街拍、系鞋带、秀舞蹈以及各种穿搭推荐等,就是这些看似简单的短视频,吸引了90多万粉丝关注,同时通过商品橱窗来实现变现。

图1-11 系个鞋带也能轻松变现

3. 超高的浏览量和点击率

例如，这个名为"一茗作图菌"的抖音号同样也开了商品橱窗，虽然这个账号的粉丝数量只有不到30万，但其商品橱窗中的浏览量都在数万以上，可见带货能力非常强，如图1-12所示。几万人浏览过，浏览量和点击率算是非常高了，你说会不会有成交量？

图1-12 "一茗作图菌"的抖音号

4. 超低的运营推广成本

"女生巧配"这个抖音号平时主要发布一些女生穿搭短视频，这些都是比较符合抖音平台的内容形式，因此吸粉速度也非常快，不到300个视频就获得了近5万的粉丝，总点赞量达到了20多万。

在做到一定粉丝数量后，"女生巧配"开始通过商品橱窗售卖商品，如图1-13所示。商品和账号定位的相关性比较高，所以成交量也比较客观，单品达到了4000+的销售量，这比其他电商的付费推广方式获得的客流量要更大，而且还是完全免费的，大大降低了店铺的运营成本。

图1-13 "女生巧配"的抖音号和商品橱窗

5. 多种多样的商品形式

例如，这个"不知火电商"主要发布一些与推荐店铺相关的视频，视频形式非常简单，主要是通过真人出镜的讲解形式，搭配对应的文字字幕，清晰易懂，如图1-14所示。由于定位的局限，这个账号的粉丝数量不多，只有2万多人。

"不知火电商"的商品类型并没有统一的品类，既有服饰也有实体图书，甚至还有手机壳，但商品橱窗中的成交量却非常惊人，如图1-15所示。

从上面这些案例可以看到，抖商的变现优势非常明显，赚钱也非常轻松。跟传统的实体店和网店创业相比，实体店需要找门店、交租金、装修、雇员工以及进货等，这其中的成本非常大，而且对于经营经验有非常高的要求；而开网店则竞争非常激烈，流量获取成本也越来越高。

因此，抖商相对于这两种常见的创业形式，门槛要低得多，也许你不经意间的一个短视频，就能为你带来源源不断的收入。

图1-14 "不知火电商"抖音号

图1-15 "不知火电商"的商品橱窗

1.1.4 抖商怎么赚钱

那么，既然抖商赚钱完全没有问题，那么要如何才能用短视频赚到真金白银呢？总的来说，抖商赚钱要掌握两个技巧，那就是引流和变现，这也是本书的主要内容，从头到尾都在围绕这两方面进行讲解，即**抖商引流技巧和抖商变现技巧**。

抖商引流技巧如下。

（1）抖音引流，通过短视频引流。

（2）直播引流，通过直播内容引流。

（3）网店引流，通过电商平台引流。

（4）微信引流，通过社交渠道引流。

抖商变现技巧如下。

（1）广告变现，赚取平台分成收益。

（2）引流卖货，打造爆款产品变现。

（3）IP打造变现，树立自身品牌。

只要掌握了这两个基本点，赚钱对于抖商来说就不是难事了。抖商可以通过优质的短视频内容实现持续吸粉，并结合自己的实际情况和自身定位，来寻找合适的创业项目或者卖产品来变现。

很多人认为自己没有项目或者没有产品，因此做起来畏首畏尾，发视频也是三天打鱼两天晒网，毫无目的，这样当然很难取得成功。其实，大家可以多看看那些热门的视频作品，或者多关注一些同行同类型的"大V"，看看他们是怎么做成功的，从他们身上可以学到很多成功的经验。至于产品，如今网上的产品非常多，如果你觉得不够放心，也可以去批发市场或者工厂直接找货源。

抖商的投入非常低，资金方面基本上没有什么要求，只要有一台智能手机即可开始抖商创业。但是，难的是你需要坚持，坚持每天拍短视频，坚持和粉丝互动，有了流量才能变现，下面举一些相关案例进行说明。

1. 开服装店

例如，抖音上面有很多卖服装的"大V"，他们的店铺月利润甚至能达到百万元以上，而且真正做到这个程度也只需要半年左右的时间。这些"大V"的经营模式比较简单，通常就是"批发市场进货+短视频引流+直播卖货"的模式，生意非常火爆，如图1-16所示。

2. 招生教学

抖音上有很多专门讲一些心灵鸡汤故事或者各种教学指导的短视频作品，他们通过这些内容来吸引粉丝，然后通过抖音招生，不少人做到了年入百万元，甚至上千万元。

这些招生教学的内容也非常丰富，如教股权投资、教营销、教自媒体创业、教减肥瘦身、教美食烹饪、教美容化妆以及教恋爱等，时不时就能刷到这些

图1-16　抖音上的服装店铺

短视频，其转化率非常高。

图1-17所示是一个关于手机摄影的抖音账号，主要是发布一些制作技巧的短视频，凭借高超的创作技巧，吸引了200多万粉丝关注。同时，此抖音号的橱窗中也出售一些与摄影相关的商品。

图1-17　手机摄影抖音账号及商品橱窗

如果你有精通的技能和渊博的学识，也可以通过抖音将其拍成短视频，吸引学员，通过知识付费的模式来快速变现。这种模式几乎不需要成本，可以说是一本万利的，因为你的技能留着也是留着，还不如分享出来让大家学习，不仅可以收获粉丝和大家的尊重，让更多人受益，还能为你带来更多的收入。

在市场方面，抖音的软文推广和"带货"能力都很好，那些拥有百万粉丝的账号，他们接一个广告的费用就是好几万元。随着抖音从一二线城市向三四五线城市扩展，用户越来越多，市场也越来越好，抖商的前景和市场是相辅相成的。

1.2　如何把娱乐变成生意

抖商的核心闭环包括塑造IP形象、抖音或者直播引流、微信私号沉淀客户、社群管理核心客户、网店成交、忠实客户转为代理并复制模式，打造一个具有自我裂变能力的商业生态。

做抖商必须要做好长线操作的计划，脚踏实地地前行，不接受短线的利益诱惑，只有这样，你的每一步才能真正走得坚实有力量，你的抖商事业才有真正的"铁杆"支持。

1.2.1 塑造自媒体IP形象

"互联网+"时代，各种新媒体平台将内容创业带入高潮，再加上移动社交平台的发展，为新媒体运用带来了全新的粉丝经济模式，一个个拥有大量粉丝的人物IP由此诞生，成为了新时代的商业趋势。

1. 去中心化的粉丝经济

各种互联网新媒体平台和短视频平台聚集了一大批成功的内容创业者，同时也成功地捆住了大量的粉丝。同时，移动互联网的出现也使信息传递模式发生了翻天覆地的变化，如图1-18所示。

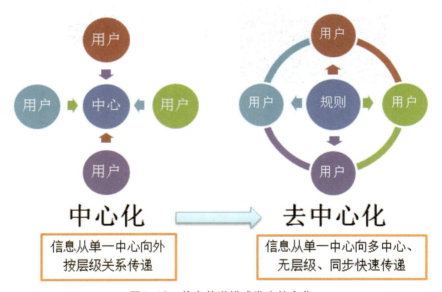

图1-18 信息传递模式发生的变化

面对去中心化潮流，传统行业正在被互联网颠覆，并由此产生了O2O、互联网金融以及移动电商等诸多新模式。同时，这也给普通人带来了更多的创业机会，他们通过网络成为了各行各业的红人，也就是现在的"网红"。这些网红有一个共同的特点，那就是都拥有强大的粉丝群，这也使得粉丝经济成为时代的"金矿"。

在移动互联网时代，信息的传播速度急速增长，信息的碎片化特征也越来越明显，这些都对粉丝经济模式的形成有一定的推动作用，同时也对互联网中的创业者和企业产生了深远的影响。

2. 催生新商业模式——抖商

在粉丝经济模式下，人们的购物决策和路径都在发生变化，如图1-19所示。

图1-19 人们的购物决策和路径都在发生变化

同理，借助社交网络传播就是粉丝经济最常用的营销手段，也是"去中心化商业"的具体表现。而创业者或企业在社交网络中的粉丝，很有可能就是潜在的消费者，甚至可能会成为最忠诚的消费者。

3. 通过自媒体打造个人IP

在移动互联网到来之前，大家认识、喜欢的明星可能永远都是那么几个人，而且通常也只是一线明星才会拥有大量粉丝。

然而，现在的明星已经变得更加多元化、"草根"化了，粉丝们也许看上的是他们的"高颜值"，也许是欣赏他们的多才艺，抑或是简单地喜欢他们展示生活的方方面面。

举个很简单的例子，如今抖音上有很多网络红人开通商品橱窗来实现电商卖货，这些网络红人基本上都是外形漂亮的模特，他们长期在短视频平台、直播平台和社交平台上为店铺引流，吸引粉丝产生更多消费。

总之，在去中心化的粉丝经济下，也许你只是一个默默无闻的基层创业者，但只要你拥有大量的粉丝，那么你也就拥有了强大的号召力，就有可能成为自媒体IP，你的号召力就存在一定的商业价值和变现能力。

1.2.2 抖音或者直播引流

在互联网商业时代，流量是所有商业项目生存的根本，谁可以用最少的时间获得更高更有价值的流量，谁就有更大的变现机会。

抖商最常用的引流方式就是抖音或者直播，而且大部分都是真人出镜的演出模式。当然，真人出镜的要求会比较高，首先你需要克服心理压力，表情要自然和谐，同时最好有超高的颜值或才艺基础。

因此，真人出镜通常适合一些"大V"打造真人IP，积累一定粉丝数量后，就可以通过接广告、代言来实现IP变现，这样做的门槛高，后期变现的上限也非常高。

对于普通人，在通过短视频或直播引流时，也可以采用"无人物出镜"的内容形式。这种方式的粉丝增长速度虽然比较慢，但我们可以通过账号矩阵的方式来弥补，以量取胜。下面通过两个案例来说明"无人物出镜"的具体操作方法。

1. 真实场景+字幕说明

"筛哥说车评车"抖音号发布的短视频都是关于汽车方面的内容，如看车、买车、开车、卖车、维修、保养和注意事项等知识，主要通过真实场景演示和字幕说明相结合的形式，将自己的观点全面地表达出来，如图1-20所示。这种拍摄方式可以有效避免人物的出现，同时又能够将内容完全展示出来，非常地接地气，自然能够得到大家的关注和点赞。

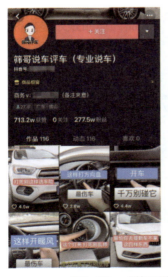

图1-20　"筛哥说车评车"抖音号示例

2. 图片+字幕（配音）

"手机摄影构图大全"抖音号主要发布一些摄影知识，很多短视频作品都是采用图片+字幕或配音的内容形式，如图1-21所示。

图1-21 "手机摄影构图大全"抖音号示例

3. 图片演示+音频直播

"手机摄影构图大全"公众号创始人龙飞老师（构图君）经常在千聊平台上开课，就是通过图片演示+音频直播的内容形式与学员进行实时互动交流，如图1-22所示。用户可以在上下班路上、休息间隙、睡前、上厕所时边玩App边听课程分享，节约宝贵时间，获得更好的体验。

图1-22 "图片演示+音频直播"示例

当然，执行力远大于创意，不管是做短视频还是直播，不管是做哪方面的内容，或者采用什么样的内容形式，都需要坚持，这样才能获得更多的流量，这是做"抖商"的基本底线。

1.2.3 微信私号沉淀客户

目前，在众多的新媒体平台中，微信仍然是覆盖率和性价比最高的引流工具。在自媒体时代，微信强大的社交互动功能让很多人将其作为主要的新媒体平台来运营，微信同时也是大部分"抖商"选择的最终的粉丝沉淀平台。

在玩抖音时，大家经常可以看到很多"大V"的个人简介中都留下了自己的微信，就是想通过微信私号沉淀客户，提升粉丝的价值。其实，微信运营的核心主要在于微信公众号、私人微信号和微信群的紧密结合，这样才能激发出微信营销的最大能量，而不是单纯地将微信作为一个广告平台。

1. 微信公众号

微信公众号包括订阅号和服务号两种不同的账号类型。

（1）订阅号。位于"微信"主界面，流量入口更浅，如图1-23所示，这是订阅号的主要优势。但是，订阅号也有很多不足，如每天只可以发送一次信息，开发能力比较弱，其主要功能就是用于内容推送。

（2）服务号。位于"通讯录"界面，流量入口更深，但信息会出现在聊天界面且有提醒，如图1-24所示。服务号每个月只能推送4条信息，但开放接口功能非常丰富，可以对接更多的营销场景。

图1-23　订阅号流量入口

图1-24　服务号流量入口

微信公众号比朋友圈的触达能力要弱一些，信息阅读率通常只有10%～15%，大部分粉丝即使收到了你的内容，可能也会选择忽视。另外，公众号的内容同质化非常严重，同类型公众号之间的内容差异都不大，重复信息比较多。抖商在做微信公众号运营时，需要掌握下面一些技巧。

（1）抖商尽量选择服务号，无需发送太多信息，而应该为粉丝提供更多的相关服务功能，实现变现。

（2）抖商切忌在公众号上转发那些乱七八糟的东西，千万不要让用户反感，否则可能会"掉粉"。

（3）公众号上可以发较长的图文内容，可以更好地塑造产品价值和品牌故事，引导和教育顾客。

2. 私人微信号

抖商的私人微信号运营的重点在于朋友圈和私发微信两个方面，主要优势如图1-25所示。

宣传效果好	私人微信号可以实现一对一的交流沟通，可以说是所有新媒体平台中宣传效果最好的互动形式
信息触达能力强	私人微信号可以更好地连接大量用户，可以将信息触达每一个精准用户
有效的曝光平台	朋友圈是微信平台上最有效的曝光平台，用户通常都乐于接受这种被动的信息分享形式，而比较反感公众号的主动推送信息的模式
随时推送消息	只要抖商添加了客户的微信，就能够随时随地给客户发信息，让产品和活动信息得到曝光

图1-25　私人微信号对于抖商运营的4大优势

但是，私人微信号还需要注意一些事项，即不要频繁发广告内容刷屏，避免被好友"拉黑"，同时，尽量多发一些与生活相关的有趣的内容，甚至可以把与粉丝的私聊或评论内容转发到公众号，加强用户的信任感。

另外，私人微信号还可以群发信息，既能节省时间提高推广效率，又能实现与客户的良好互动。但也要注意适度，不能经常群发。好的推广都是"润物细无声"，潜移默化地影响粉丝，让他们在不知不觉中接受产品或品牌推广，这些都是做抖商必须熟练运用的技巧。

1.2.4 社群管理核心客户

微信群的推广效果介于朋友圈和公众号之间，其内容的浏览率仅次于朋友圈。抖商只要能够获得一些高质量的精准客户，数量不求多，就可以通过微信群来管理这些核心客户，后期的促活和转化效果都相当好。

另外，抖商可以选择加入一些有质量、维护较好、内容质量高的群来"混群"，只要经常跟群友互动，多帮助他们，就能获得大家的信任，沉淀更多的粉丝。微信群具有非常好的互动和活跃性特点，能够用来做一些活动，如团购、线下聚会等，只要抖商适当引导，创造购物氛围，即可让群友产生消费冲动。但是，抖商在运营微信群时，还需要注意以下事项。

（1）群里面交流的人比较多时，发的信息容易被覆盖，因此发布重点信息时应掌握好时机。

（2）产品或服务出现问题，群里的人可能会相互交流，这些不利信息容易快速扩散，造成不好的影响。

（3）很多竞争对手会伪装成群友加进来，不仅会打探商业情报，甚至会抢夺你辛辛苦苦积累的客户。

对于抖商来说，不管你之前是默默无闻的创业者，还是大型企业或商家，都要明白一个道理，那就是"开发新客户的成本远高于维护老客户"。

因此，我们要利用好"微信公众号 + 私人微信号 + 微信群"这套"组合拳"来实现三点爆破，通过这种"三位一体"的方式来沉淀用短视频内容获得的粉丝。

1.2.5 流量转移网店成交

抖商运营的最终目的就是把流量变成现金，除了通过微信来沉淀粉丝外，还可以直接将流量转移到自己的网店来实现成交。

首先通过引流把客户带入到店铺中，然后通过优化转化率让进来的人买东西，最后通过提升用户黏度让买过东西的人以后还会经常来买，实现长期收益。

1. 引导流量

目前，抖音、今日头条和快手等平台都可以直接实现店铺导流，甚至可以"边看边买"，快速实现电商变现。

例如，"抖音小店"就可以直接上架商品。达到一定的条件之后，就可以申请开店，通过抖音短视频将商品展现出来，直接引导粉丝查看推荐商品，用户可直接购买。

2. 优化转化率

转化率是所有电商业务的核心，也是搜索引擎优化（SEO）、品牌营销、广告投放的最终目标。转化率意味着流量最终转化为订单，也就意味着抖商获得创收盈利。

决定网店成交的因素包括：网页内容结构、商品价格、商品品牌、整店商品结构、信用度、老客户认可度、物流费用、推广力度以及客服素质等。要想提升店铺的转化率，可以针对这些因素去做优化和提升。

3. 提升用户黏度

提升用户黏度的主要目的是增加用户的复购率，最大化挖掘每一个用户的价值，打造优质"超级用户"。

抖商除了要坚持发布优质的短视频内容促销活动外，还需要有明确的定位，有品牌意识，有自己的"爆款"，为这些"超级用户"带来更好的产品和服务，持续为他们带来价值，这样才能留住"超级用户"，构建自己的流量池。

1.2.6 扩展代理复制模式

现代管理学之父彼得·德鲁克（Peter F. Drucker）曾说过："当今企业之间的竞争，不是产品之间的竞争，而是商业模式之间的竞争。"对于抖商这种新的商业模式来说，我们也可以将优秀的、成功的抖商模式复制到新手身上，扩展代理，帮助他们快速做大做强，同时增强自身实力。

需要注意的是，在复制抖商模式的过程中，选择复制的目标和过程必须符合自己的实际情况，不能盲目自大，否则很可能是南柯一梦。

成功没有捷径，不经历风雨，就不会见彩虹。当然，成功的思维模式和行为模式只是一个指引，真正成就自己的，还是个人的改良和坚持不懈地努力。

1.3 月入3万元的抖音号是怎样做出来的

账号定位对于抖商来说是最为关键的一步。因此，我们在注册账号前，一定要想清楚做哪方面的内容。定位不准确，不仅自己做起来很累，而且很难得到粉丝的关注。

总的来说，短视频内容的定位一定要清晰垂直，这样你才能获得平台的更多推荐；同时，要做自己真正喜欢的内容，并且把内容做精细，这样你才能坚持下去。

1.3.1 抖音流量推荐机制

抖音沿袭了今日头条的算法推荐模型——根据用户口味推荐，从而保证了视频的分发效率及用户体验。了解抖音的推荐算法机制，能相应地获取更多的推荐，是一个快速获取流量的方法。

个性化推荐、人工智能图像识别技术是抖音的技术支撑，挑战赛、小道具、丰富的BGM（背景音乐）则为用户提供了各种各样的玩法，让人既能刷到有趣的视频，又可以快速创作出自己的作品。在笔者看来，抖音的算法是极具魅力的，因为抖音的流量分配是去中心化的，它的算法可以让每一个有能力产出优质内容的人，都能得到跟"大V"公平竞争的机会，实现人人都能当明星的可能性。

例如，2018年6月，抖音上突然冒出一个昵称为"王北车"的达人，他不仅年轻帅气，而且唱歌很好听，迅速在抖音走红，仅仅一个多月就吸引了900多万粉丝关注，同时获赞数达到2900多万。另外，"王北车"还推出了《陷阱》《姑娘》《突然想起你》《路人甲》等热门歌曲，被抖音用户作为BGM大量使用。

"王北车"之所以能够与"摩登兄弟""连音社"等坐拥千万的抖音大咖公平竞争，还要得益于抖音的推荐算法机制。抖音算法机制的好处有以下4点。

（1）扶持优质用户，提供各种福利政策。
（2）只要能够产出优质内容，即可与大号公平竞争。
（3）优待垂直领域的优质视频，给予更多推荐。
（4）自动淘汰那些内容差的垃圾视频。

同时，用户还必须清楚抖音的推荐算法逻辑，如图1-26所示。如果用户想在一个平台上成功吸粉，首先要了解这个平台的爱好，知道它喜欢什么样的内容，排斥什么内容。用户在抖音发布作品后，抖音对于作品会有一个审核过程，其目的就是筛选优质内容进行推荐，同时杜绝垃圾内容的展示。

智能分发	用户即使没有任何粉丝，发布的内容也能够获得部分流量，首次分发以附近和关注为主，并根据用户标签和内容标签进行智能分发
叠加推荐	结合大数据和人工运营的双重算法机制，优质的短视频会自动获得内容加权，只要转发量、评论量、点赞量、完播率等关键指标达到了一定的量级，就会依次获得相应的叠加推荐机会，从而形成爆款短视频
热度加权	当内容获得大量粉丝的检验和关注，并经过一层又一层的热度加权后，即有可能进入上百万的大流量池。抖音算法机制中的各项热度的权重依次为：转发量>评论量>点赞量，并会自动根据时间"择新去旧"

图1-26 抖音的推荐算法逻辑

抖音的推荐算法和百度等搜索引擎不同，搜索引擎推荐算法主要依靠外链和高权重等，而抖音则是采用循环排名算法，根据这个作品的热度进行排名，其公式如下。

热度＝播放次数＋喜欢次数＋评论次数

那么机器人是怎么判断视频是否受大家的喜欢呢？已知的规律有以下两条。

- 用户观看视频时间的长短。
- 视频评论数的多少。

抖音给每一个作品都提供了一个流量池，无论是不是大号、作品质量如何，每个短视频发布后的传播效果，都取决于作品在这个流量池里的表现。因此，我们要珍惜这个流量池，想办法让我们的作品在这个流量池中有突出的表现。

一般新拍的抖音短视频作品，获得点赞数和评论越多，用户观看时间越长，那么推荐的次数也就越多，自然获得的曝光量就会很好，从而会增加获得推荐的概率。基于已知的算法机制，下面总结了三条经验，以此来提高抖音号的价值。

（1）**想办法延长用户停留时间**。用户可以美化短视频封面，或者设置一个悬疑的开头，或者打造一个惊人的出场方式，这些都是非常有效的方法。

（2）**有效的评论区互动法**。这个方法是用户最容易忽略的，视频底部优质的评论，是了解用户对视频看法的最直接方式。

（3）**尽快建立自己的抖音社群或抖友社群**。社群已经成为用户增长最有效的方式之一，建立社群的目的是增强普通用户之间的黏性，基于同一习惯或者是基于某一类价值观，聚合同一类行为的人，提高粉丝留存率，然后再利用这部分用户去影响更多的用户。

1.3.2 抖音用户画像特征

在目标用户群体定位方面，抖音是由上至下地渗透。抖音在刚开始推出时，市场上已经有很多的同类短视频产品，为了避开与它们的竞争，抖音选择在用户群体定位上做了一定的差异化策划，选择了同类产品还没有覆盖的那些群体。图1-27所示为头条指数发布的"抖音企业蓝V白皮书"中的抖音基础用户画像分析。

图1-27　抖音基础用户画像分析（数据来源"抖音企业蓝V白皮书"）

下面主要从年龄、性别、地域、职业和消费能力5个方面分析抖音的用户定位，帮助运营者了解抖音的用户画像和人气特征，更好地做出针对性的运营策略和精准营销。

1．年龄：以年轻用户为主

抖音平台上80%的用户在28岁以下，其中20～28岁用户比例最高，也就是"90后"和"00后"为主力人群，整体呈现年轻化趋势。这些人更加愿意尝试新的产品，这也是"90后"和"00后"普遍的行为方式。

2．性别：女性居多

根据QuestMobile的报告显示，抖音的男女比例约为3∶7，也就是女性是男性的两倍多。首先，女性居多直接导致的结果就是消费力比较高，因为大部分的钱都是女性花的；而男性占比较少，相对的消费力也不强。另外，根据极光大数据的报告显示，抖音中女性用户的占比也达到66.4%，显著高于男性。

3．地域：分布在一二线城市

抖音从一开始就将目标用户群体指向一二线城市，从而避免了激烈的市场竞争，同时也占据了很大一部分的市场份额。当然，随着抖音的火热，目前也在向小城市蔓延。根据极光大数据的分析报告显示，一二线城市的人群占比超过61.49%，而且这些地域的用户消费能力比较强。

4．职业：大学生、白领和自由职业者

抖音用户的职业主要为白领和自由职业者，大学生与踏入社会五年左右的用户也比较常见。这些人都有一个共同的特点，就是特别容易跟风，喜欢流行时尚的东西。

5．消费能力：愿意尝试新产品

抖音用户大部分都属于中等和高等层次消费者，这些人突出的表现就是更加容易在抖音上下单，也就意味着他们的变现能力很强。另外，他们的购买行为还会受到营销行为的影响，看到喜欢的东西，更加容易冲动性消费。

1.3.3 精准的大数据分析

所有的新媒体平台都会产生大量的数据，同时衍生出相应的基于这些数据运营的产业链。短视频当然也不例外，很多"大V"账号的成长都离不开背后的数据分析和运营。因此，抖商在做账号定位时，建议大家可以参考新榜上的各种排行榜，多分析同领域的抖

音、微博、微信和头条号的账号类型和定位，如图1-28所示。

图1-28　新榜的抖音号排行榜

抖商要想使自己的内容快速上热门，一定要做到知己知彼，不仅要了解抖音的运行机制，更要学会数据分析，知道哪些短视频、哪些背景音乐容易火起来，这样你跟着做也更容易火。

网上的数据分析工具非常多，这里推荐一款"飞瓜数据"的工具，非常适合抖商们使用。"飞瓜数据"主要基于抖音平台的数据，可以帮助用户快速查询粉丝数量，以及各种"网红"排行榜数据分析等，可以让自己的短视频更容易蹭热度、上热门。

"飞瓜数据"会根据账号的视频内容，自动识别相关的账号标签和内容标签。该工具提供全网抖音潜质爆款素材、各类排行榜、视频流量监控以及多号矩阵管理等功能，可以帮助用户快速掌握抖音运营现状，迅速获取抖音的各种运营数据。"飞瓜数据"的具体使用方法如下。

（1）在手机上打开微信App，进入"发现"界面，选择"小程序"选项，如图1-29所示。

（2）执行操作后，进入"小程序"主界面，点击上方的搜索图标，如图1-30所示。

图1-29　选择"小程序"选项　　图1-30　点击搜索图标

（3）在搜索框中输入关键字"飞瓜数据"；然后点击"搜索"按钮，或者直接点击下面的搜索提示字样，执行操作后，出现相应的搜索结果，在其中选择"飞瓜数据"小程序，如图1-31所示。

（4）执行操作后，即可打开"飞瓜数据"小程序，主界面提供了抖音热点、热门商品、排行榜、热门、电商等功能，如图1-32所示。

（5）在搜索框输入要查询的主播名称，点击"完成"按钮，如图1-33所示。

图1-31　选择"飞瓜数据"小程序

图1-32　"飞瓜数据"小程序

图1-33　输入主播名称

（6）执行操作后，即可查询到该主播的ID、粉丝数量、总点赞、总评论、总分享等数据，除此之外，还能看到粉丝增量趋势图、点赞增量趋势图以及评论增量趋势图，非常详细，一目了然，如图1-34所示。

（7）再往下看，还可以选择查看播主的粉丝画像，包括性别年龄分布、地域分布、星座分布的比例。除此之外，播主最新和最热的视频也能在此处看到，如图1-35所示。

图1-34　主播详细资料

图1-35　播主的粉丝画像

（8）选择"排行榜"选项，即可查看抖音的行业榜、涨粉榜以及蓝V榜数据，如图1-36所示。

（9）点击"热门"选项，可以选择时间来查看不同时间段的热门视频、热门音乐和热门话题数据，如图1-37所示。

图1-36　抖音综合排行榜

图1-37　抖音热门视频排行榜

对于抖商来说，短视频是"流量的天堂"，只要随便找一个平台来操作产品，坚持一段时间都有可能获得成功。但是，抖商运营离不开数据的指导，数据分析对于我们把控流量热点的趋势有很好的帮助，是非常重要的营销利器。

1.3.4　打造专业的团队

抖商的主要工作就是拍短视频，如果是一个人做的话，不仅难以做大规模，而且随着粉丝的增长，你会感觉越来越累。因此，对于有一定粉丝量的账号，或者准备在短视频领域做出一番作为的人来说，必须打造一个专业的短视频团队，来帮助你进行抖商运营，提高执行效率。

（1）**编导**。编导的主要工作就是策划垂直领域短视频的主题、风格和内容，保持账号内容的持续输出。编导通常要求能够紧跟热点，打造定位明确的账号标签，同时还要会演、会包装，否则还需要另外招聘演员。

（2）**运营人员**。运营人员需要熟悉平台的流量推荐机制、用户画像特征以及变现盈利模式，对于不同短视频平台的调性能够准确把握，同时还需要做好数据分析和客服相关的工作，让作品获得更多的播放量，吸引更多粉丝关注，增加用户黏性，以及更好地完成变现工作。

（3）**摄影师**。摄影师的主要任务是布置拍摄场景，以及做好现场的视频拍摄工作，同时最好会剪辑，有自己的拍摄风格，如图1-38所示。

图1-38　摄影师的主要工作就是拍摄短视频

（4）**剪辑师**。剪辑师不仅要对拍摄的短视频做剪辑和配乐，而且还需要参与初期的策划，能够将编导想要表达的主题完整地展现出来。同时，剪辑师还需要配合编导做好短视频的包装，如滤镜、道具和特效等。

（5）**硬件准备**。抖商还需要购置一些拍摄设备，如拍照效果好的智能手机、手机支架、麦克风、声卡、移动滑轨、云台、补光灯以及专业的手机镜头等。

抖商可以在网上发布招聘信息，快速找到合适的团队成员，组建一个能够有效经营短视频工作的团队。需要注意的是，在实际工作中，尤其是在创业初期，可能你需要身兼多职，但随着团队的壮大和成员的加入，再根据实际情况来调整人员结构，就可以达到完美的配置组合。人数配备通常是一名编导加上4~5名团队成员，剪辑或者运营人员可以多搭配一名。

短视频的团队成员人数通常不多，但仍需要打磨和配合，带领团队不断向精通、深入、准确的业务方向迈进，并形成良性循环。当团队做好一个大号后，还需要做多平台、多类型的账号矩阵，通过大号给其他小号导流，增强自己的变现能力。

1.3.5　抖音如何养号

做网站和电商的人都非常清楚权重的作用，网站权重就是指搜索引擎给网站赋予一定的权威值，对网站的评估评价越权威，网站权重越高，在搜索引擎所占的分量越大，则它在搜索引擎的排名就越好。运营抖音也是同样的道理，抖商不仅要做好账号的基本维护，还可以通过一些手段来主动养号，提升账号权重，从而获得更高的推荐量。抖音养号的基本步骤如图1-39所示。

账号注册 ▶	一部手机，一张手机卡，注册和固定登录一个账号
账号定位 ▶	根据目标人群和变现方式的精准定位，确定垂直内容
策划内容 ▶	紧密结合账号定位来策划具体的剧本和拍摄内容
制作视频 ▶	拍摄、剪辑和处理短视频作品，形式风格注意尽量统一
上传视频 ▶	结合目标人群的时间点来发布，获得更多播放量和粉丝
维护粉丝 ▶	积极与粉丝互动并导流到微信，增加粉丝黏度和信任感
数据运营 ▶	分析短视频和粉丝的数据，来拍摄下一个短视频内容

图1-39　抖音养号的基本步骤

1. 养号的相关技巧

如果站在短视频平台的角度来看权重的意义，平台通常会更青睐于那些产出高质量的、垂直领域内容的账号，同时给予这些流量更多的流量扶持。而我们养号的核心目的就是提升账号权重，避免自己的账号被系统判断为营销账号。只要能够迈过这个门槛，就可以轻松达到曝光、引流、卖货以及卖号等目的。下面介绍一些提升账号权重的养号技巧，每天至少花两个小时做好下面这些工作。

（1）在制作内容操作过程中，全程使用移动流量。

（2）账号的头像清晰，性别正确，个人信息完整。

（3）尽量绑定微信、QQ、头条、微博等第三方账号。

（4）进行实名认证，增加抖音账号权重。

（5）发布短视频时添加地址，获得地域推荐。

（6）每天稳定登录账号，并多刷信息流，多点赞。

（7）多看看抖音的热搜榜单，关注、参与话题挑战。

（8）关注3～5个自己喜欢的账号，不要过量。

2. 养号的注意事项

账号的注册时间越长，权重越高。笔者之前分析了很多账号，发现那些抖音普通玩家上热门有一个共同的特点，那就是给别人点赞的作品很多，最少的都上百了。这是一种模仿正常用户的玩法，如果上来就直接发视频，系统可能会判断你的账号是一个营销广告号或者小号，会审核屏蔽等。

尤其是新注册的账号，千万不要马上发视频，而应该先把账号养一段时间，让系统判断你是一个正常人的普通账号，而不是靠"外挂"手段批量运营的广告营销账号。因此，抖商在养号时，一定要注意采取正常的用户行为，多给热门作品点赞、评论和转发，选择粉丝越多的账号效果越好。如果想运营好一个抖音号，至少前5~7天先不要发作品，就在空闲的时候去刷一下别人的视频，然后多关注和点赞，哪怕后期再取消关注，你也要多做这些工作，让系统觉得你是一个正常的账号。

一个手机也可以放大操作，但不能太多，可以操作3~4个账号。不过，发送作品的时候不要在同一个无线网络下，可以用数据流量来发送，而且切换账号时必须开启飞行模式。选择地址定位的时候，尽可能定位到一线城市，如北京、上海、广州、深圳、南京、西安以及郑州等城市，别定位到二三线城市。

第 2 章

账号运营:
定制特色抖音名片

要点展示
- 5个步骤定制你的抖音账号
- 轻松熟悉抖音的4大界面
- 抖音运营的6大注意事项

学前提示

作为一个拥有着巨大流量的平台,抖音俨然已经成为各大品牌和企业必备的运营平台。那么,抖音平台运营需要做好哪些工作呢?

这一章笔者将从账号设置、账号定位、抖音的主要界面和抖音运营注意事项等方面,全面解读抖音的账号运营工作。

2.1 5个步骤定制你的抖音账号

抖音的运营细节和运营技巧是一样的逻辑，它们的思维点是相同的，试想一下，用户在刷抖音的时候，通常是利用碎片化的时间快速浏览，当他浏览到一个页面的时候为什么会停下来？

使他停下来的最根本的原因是被表面的东西吸引了，并不是具体的内容，内容是用户点进去之后才能看到的。那么，表面的东西是什么？包括你的整体数据和封面图，以及账号对外展示的东西，如名字、头像和简介等。

2.1.1 注册账号

抖音的账号注册比较简单，用户可以用手机号进行验证登录，如图2-1所示。用户还可以直接使用头条号、QQ号、微信号和微博号等第三方平台账号进行登录，图2-2所示为用QQ号进行授权登录。

图2-1　抖音登录界面　　　　图2-2　用QQ号进行授权登录

如果你深度体验过抖音，就会发现抖音向你推荐的账号可以划分为两大类："过把瘾"和"次爆款"。

1. 过把瘾

大多数抖音账号都属于"过把瘾"型账号，这类账号的明显特点就是，有爆款视频推荐给你，爆款视频的点赞量可能是数十万到数百万。但是，当你翻开他的主页时会发现，这类账号其实拍过不少短视频,但大多数的视频都不温不火,没有太多的点赞量,而你看到的视频仅仅是他少数几个爆款视频之一。大概就类似于如图2-3所示这个账号的情况。

这类账号的爆款视频更多是出于偶然,偶然在生活中拍到了一些有意思的场景,或者自拍一些舞蹈类的内容,某一个或几个视频偶然火了。然而,他拍摄的大多数内容都不太成功,也就只能"过把瘾",难以持续产出高质量内容,用户看到这个情况以后并不会产生关注的冲动。

这种"过把瘾"型账号是大多数个人和企业的现状,当然,还有更多的从来没出过爆款的账号。粗略估计,这类账号的总点赞和关注比多数在10∶1以下,如果是视频不多的新账号,或者有颜值优势,或者品牌名气大,可能关注转化的比例会高一些,能达到5∶1左右。

但总体来说,这类账号并不应该是企业运营抖音所追求的,用户对于视频内容的评价太不稳定,一定程度上要靠运气,而且关注比例过低导致运营效率并不高。

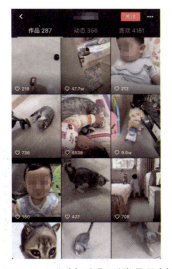
图2-3 "过把瘾"型账号示例

图2-4 "次爆款"型账号示例

2. 次爆款

这类账号的主要特点就是,大多数视频的点赞量都不算特别高,可能都处于几万到几十万的区间内,或者偶尔会有上百万点赞量的视频。不过,这类账号有一个特点就是,点赞量相对均匀,不会出现只有几百个赞的情况。

这类账号的视频都能获得一定的传播量、点赞量,但很难达到整个抖音平台的爆款视频的高度,笔者将其称为"次爆款"。大概类似于如图2-4所示这个账号的情况。

"次爆款"型账号更多的是团队体系化运营的结果，不少是新媒体内容公司运营的相关账号。与"过把瘾"型账号的不同之处在于，"次爆款"的作品质量较为稳定，面向人群可能会比较集中、精准。当用户被推荐了一个这样的视频后，通常会去查看该账号还有没有类似的视频，当他看到账号的视频列表，发现其内容都不差的情况下，用户很可能就会关注该账号。

这种"次爆款"账号不但视频质量、点赞量和播放量都比较稳定，而且能够将受众转化到自有的流量池中，以便后续深入挖掘用户的价值。粗略估计，这类账号的点赞量与关注量比例多在10∶1以上，若是内容足够精准垂直，或者更加有趣，这个比例甚至能达到2∶1以上。总体来说，这种稳定、优质、高转化的"次爆款"是企业运营抖音账号的目标。

2.1.2 账号认证

用户要想在抖音平台上占据一方阵地，首先要有账号。有了账号，能发布视频还不够，还必须认证，这样才能有一定的身份。

用户可以在抖音的"设置"界面中选择"账号与安全"选项进入界面，然后选择"申请官方认证"选项，如图2-5所示。进入"抖音官方认证"界面，可以看到个人进行认证需要满足3个条件，分别是发布视频≥1个、粉丝数量≥1万名、绑定手机号，满足条件后就可以点击如图2-6所示的"立即申请"按钮，申请认证。

图2-5 选择"申请官方认证"选项

图2-6 "抖音官方认证"界面

申请之后只需要等待抖音官方的审核，只要你的资料属实，审核会很快通过的。审核通过后就会在个人资料里显示官方认证的字样，个人认证为黄色的"V"，企业机构认证为蓝色的"V"，如图2-7所示。

图2-7 官方认证账号示例

同样的内容，不同的账号发出来的效果是完全不一样的，尤其是认证和没有认证的账号，差距非常大，为什么会出现这种情况？因为抖音平台在给你一定流量和推荐的时候，其实是根据你的账号权重来判断的。

做过今日头条的用户就会发现，老账号的权重和新账号的权重以及开了原创和没有开原创的账号，它的区别很大。抖音也是一样的，一个没有加"V"的账号很难超过一个加"V"的账号，因此账号包装非常重要。

当你注册了抖音账号后，即使是付费，也要让你的账号绑定一个认证的微博，同时你的抖音也会显示加"V"。如果你的头条号已经是加"V"的，也可以绑定你的头条号，同时还可以绑定火山小视频、微信、QQ以及手机号等。所有的真实信息全部完善，这样账号包装才能做到非常完美，此时再发布内容，得到的流量和推荐会更多。

2.1.3 名字修改

抖音的名字（即抖音账号名称）需要有特点，而且最好和定位相关。抖音修改名字非常方便，具体操作步骤如下。

步骤 01 登录抖音短视频App，进入"我"界面，点击界面中的"编辑资料"按钮，如图2-8所示。

步骤 02 进入"编辑个人资料"界面，选择"名字"选项，如图2-9所示。

步骤 03 进入"修改名字"界面，在"我的名字"文本框中输入新的名字，如图

2-10所示；点击"保存"按钮保存。

步骤 04 操作完成后，返回"我"界面，可以看到此时账号名字便完成了修改，如图2-11所示。

图2-8　点击"编辑资料"按钮

图2-9　选择"名字"选项

图2-10　"修改名字"界面

图2-11　完成名字的修改

在设置抖音名字时有两个基本的技巧，具体如下。

（1）名字不能太长，否则用户不容易记忆，通常为3～5个字即可。

（2）最好能体现人设，即看见名字就能联系到人设。人设是指人物设定，包括姓名、年龄、身高等人物的基本设定，以及企业、职位和成就等背景设定。

2.1.4 头像修改

抖音账号的头像也需要有特点,必须展现自己最美的一面,或者展现企业的良好形象。抖音账号的头像修改主要有两种方式,具体如下。

1. "我"界面修改

在抖音"我"界面中,用户可以通过如下步骤修改头像。

步骤 01　进入抖音短视频App的"我"界面,点击界面中的抖音头像,如图2-12所示。

步骤 02　进入如图2-13所示的头像展示界面,点击下方的"更换"按钮。

步骤 03　操作完成后,弹出如图2-14所示的头像修改方式对话框,用户可以通过"拍一张"或"相册选择"的方式。这里笔者以"相册选择"为例进行说明。

图2-12　点击抖音头像　　　图2-13　点击"更换"按钮　　　图2-14　选择"相册选择"选项

步骤 04　选择"相册选择"选项之后,从相册中选择需要作为头像的图片。

步骤 05　进入图片裁剪页面,对图片进行裁剪之后,点击下方的"确定"按钮,操作完成后,返回"我"界面,同时头像修改完成。

2. "编辑个人资料"界面修改

在"编辑个人资料"界面中,用户只需点击头像,便可在弹出的对话框中选择合适的方式修改头像,如图2-15所示。如选择"相册选择"选项之后,只需按照在"我"界面修改的步骤04、05操作,便可完成头像的修改。

图2-15 在"编辑个人资料"界面修改头像

在设置抖音头像时有两个基本的技巧,具体如下。

(1)头像一定要清晰。

(2)个人人设账号一般使用主播肖像作为头像。

(3)团体人设账号可以使用代表人物形象作为头像,或者使用公司名称、LOGO等标志。

2.1.5 简介编写

抖音的账号简介通常是简单明了、一句话解决,主要原则是"描述账号+引导关注",基本设置技巧如下。

(1)前半句描述账号特点或功能,后半句引导关注,一定要明确出现关键词"关注",如图2-16所示。

(2)账号简介可以用多行文字,但一定要在多行文字的视觉中心出现"关注"两个字。

(3)用户可以在简介中巧妙地推荐其他账号,但不建议直接引导加微信等,如图2-17所示。

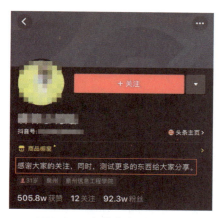
图2-16 在简介中引导关注

图2-17 不建议直接引导加微信

2.2 轻松熟悉抖音的4大界面

抖音既具有工具属性,如拍摄和制作短视频功能,又具有社交属性,如分享和关注等。本节主要分析抖音的界面功能,来看看它究竟为何成为年轻人喜欢的App。

2.2.1 "首页"界面

注册并登录抖音后,首先出现的就是"首页"界面,同时自动播放视频,显示相关的视频信息,如图2-18所示。

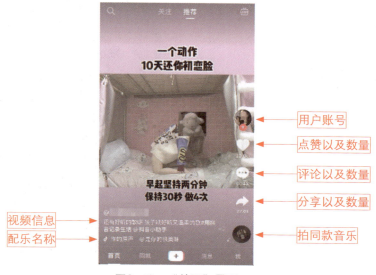
图2-18 "首页"界面

点击用户账户下面的"+"按钮,即可关注该用户,点击点赞、评论或分享按钮,即可进行相应的操作。另外,双击视频也可以进行快速点赞,如图2-19所示。单击视频界面则可以暂停播放,便于进行截图等操作,如图2-20所示。

图2-19 快速点赞

图2-20 暂停播放

抖音中的"同城"模块会自动定位用户所在的城市,并推荐附近的优质短视频内容,在视频封面下方还会显示相应的视频信息、拍摄距离和用户账号等内容,如图2-21所示。

图2-21 "同城"界面

在"同城"界面中，点击右上角的"切换"按钮，用户还可以切换查看其他抖音热门城市的本地化内容，如图2-22所示。点击右侧的字母序列，还可以快速查找该字母拼音开头的城市名称，便于用户查找。

图2-22　切换查看其他城市的短视频内容

2.2.2 "关注"界面

"关注"界面主要包括热门直播入口和用户关注的账号的短视频动态，其中短视频内容会自动播放，如图2-23所示。

图2-23　"关注"界面

向下滑动屏幕，可以查看更多的关注账号发布的短视频内容，同时还包括了点赞、评论、转发、分享以及发布日期等信息。点击视频右下角的播放▶和暂停⏸按钮，可以播放和暂停短视频。

2.2.3 "消息"界面

"消息"界面主要包括粉丝、赞、@我的以及评论4个主要功能，同时还有游戏小助手、抖音小助手以及系统消息等功能，如图2-24所示。点击"粉丝"按钮进入其界面，可以查看近期关注你的用户信息，如图2-25所示。

"消息助手"包含"抖音小助手""系统通知""直播小助手"3个部分，点击"抖音小助手"按钮进入其界面，用户可以参加一些抖音的热门话题，获得更多上热门的机会，以及获取更多的点赞，如图2-26所示。

图2-24　"消息"界面　　图2-25　"粉丝"界面

图2-26　"抖音小助手"功能

2.2.4 "我"界面

"我"界面主要包括账号信息设置和作品管理两大功能。"我"界面上方显示了用户的头像、抖音号、简介、标签以及粉丝数量等信息，如图2-27所示。

图2-27 "我"界面

下方则显示了"作品""动态""喜欢"等信息，"作品"界面显示了用户拍摄的所有作品列表，"动态"界面则可以预览短视频内容，"喜欢"界面包含了用户点过赞的短视频，如图2-28所示。

图2-28 "作品""动态"和"喜欢"界面

2.3 抖音运营的6大注意事项

面对火爆的抖音，普通用户如何正确地做好运营，让它为我们带来一笔不菲的收入呢？当然，抖音运营需要讲究方法和技巧，本节将介绍抖音运营的一些技巧和相关的注意事项。

2.3.1 遵守抖音平台的规则

对于运营抖音自媒体的人来说，做原创才是最长久最靠谱的一件事情。在互联网上，想借助平台成功实现变现，一定要做到两点：遵守平台规则和迎合用户的喜好。下面重点介绍抖音的一些平台规则。

（1）**不建议做低级搬运**。例如，带有其他平台特点和图案的作品，抖音平台对这些低级搬运的作品会直接封号或者不给予推荐，因此不建议大家做。

（2）**视频必须清晰无广告**。

（3）**视频推荐算法机制要知道**。首先，给你推荐一批人，比如先给100个人看你的视频，这100个人就是一个流量池。假如这100个人观看视频之后，反馈比较好，有80人完全看完了，有30个人给你点赞，有10个人发布了评论，系统则会默认你的视频是一个非常受欢迎的视频，会将视频推荐到下一个流量池。

比如第二次推荐给1000人，然后再重复该过程，这也是我们经常看到一个热门视频连续好几天都能刷到首页的原因。当然，如果第一批流量池的100个人反馈不好，这个视频自然也得不到后续的好的推荐了。

（4）**账号权重**。笔者之前分析了很多账号，发现了那些抖音普通玩家上热门有一个共同的特点，那就是给别人点赞的作品很多，最少的都上百了。这是一种模仿正常用户的玩法，如果上来就直接发视频，系统可能会判断你的账号是一个营销广告号或者小号，会审核屏蔽等。具体提高权重的方法如下。

- **使用头条号登录**。用QQ登录今日头条App，然后在抖音的登录界面选择今日头条登录即可。因为抖音是今日头条旗下的产品，通过头条号登录，会潜在地增加账号权重。
- **采取正常用户行为**。多给热门作品点赞、评论和转发，选择粉丝越多的账号效果越好。如果想运营好一个抖音号，至少前5～7天先不要发作品，就在空闲的时候刷一下别人的视频，然后多关注和点赞，哪怕后期再取消关注，你也要多做这些工作，让系统觉得你是一个正常的账号。

2.3.2 不要随意删除短视频

很多短视频都是在发布了一周甚至一个月以后，才突然火爆起来的，这一点给笔者一个很大的感悟，那就是抖音上其实人人平等，唯一不平等的就是内容的质量。你的抖音账号是否能够快速冲上一百万粉丝，是否能够快速吸引目标用户的眼球，最核心的点还是在内容。

所以，笔者很强调一个核心词，叫"时间性"。因为很多人在运营抖音时有个不好的习惯，那就是当他发现某个视频的整体数据很差时，就会把这个视频删除。笔者建议大家千万不要删除你之前发布的视频，尤其是你的账号还处在稳定成长的时候，删除作品对账号有很大的影响：可能会减少你上热门的机会，减少内容被再次推荐的可能性。另外，过往的权重也会受到影响，因为你的账号本来已经运营维护得很好了，内容已经能够很稳定地得到推荐，此时把之前的视频删除，可能会影响到你当下已经拥有的整体数据。

这就是"时间性"的表现，那些默默无闻的作品，可能过一段时间又能够得到一个流量扶持或曝光，因此我们唯一不能做的就是把作品删除。当然，如果你觉得删除视频没有多大影响，你可以删除试一下，但根据我们之前实操去删除作品的账号发现，账号的数据会明显受到很大的波动。

2.3.3 选择合适的发布时间

在发布抖音短视频时，笔者建议大家的发布频率是一周至少2~3条，然后进行精细化运营，保持视频的活跃度，让每一条视频都尽可能地上热门。至于发布的时间，为了让你的作品被更多的人看到，火得更快，一定要选择在抖音粉丝在线人数多的时候进行发布。

据统计，饭前和睡前是抖音用户最多的使用场景，有62%的用户会在这段时间内看抖音；10.9%的用户会在碎片化时间看抖音，如上卫生间或者上班路上。睡前和周末、节假日这些时间段，抖音的用户活跃度非常高。笔者建议大家发布时间最好控制在以下3个时间段。

（1）周五18：00~24：00。

（2）周末两天（星期六和星期天）。

（3）其他工作日18：00~20：00。

同样的作品在不同的时间段发布，效果肯定是不一样的，因为流量高峰期人多，你的作品就有可能被更多人看到。如果用户一次性录制了好几个视频，千万不要同时发布，两个视频的发布时间至少要间隔1小时。

另外，发布时间还需要结合自己的目标用户群体的时间，因为职业的不同、工作性质的不同、行业细分的不同以及内容属性的不同，发布的时间节点也都有所差别，因此用户要结合内容属性和目标人群，选择一个最佳的时间点发布内容。再次提醒，最核心的一点就是在人多的时候发布，得到的曝光和推荐会大很多。

2.3.4 注重团队力量的发挥

随着"无边界时代"的到来，短视频会越来越火爆，这也正是团队或者企业进入短视频领域的高峰期。

当然一个人要想做好短视频也是可以的，很多达人都是自己一个人在那儿自拍，或者拍一些自己唱歌跳舞的视频，就能积累上百万的粉丝。甚至有一些达人，自己一个人在家里或者在办公室，又或者自己就在沙发上坐着，然后拍摄一些短视频，就能够火爆，这是一个人的做法。不过，这种情况毕竟是少数，任何一个平台从一开始到中期再到后期，入驻的作者都是越来越优秀的。

所以，在当下这种情况做抖音运营，笔者认为团队入驻是最好的，你可以建立一个6~7个人的专业团队，每天只生产一条15秒的短视频。在这样一种高质量、高强度以及专业化的情况下，生产出来的内容会更加受欢迎。

因为现在大家都用碎片化的时间来阅读，如果是几分钟的视频，很多人不一定愿意看完，如果说是15秒的短视频，就有很多人愿意看完。但是，如果你的视频没有给用户呈现出你要表达的效果，那么用户可能看到6秒、7秒或者10秒的时候就退出了，这对于团队创作的信心还是有所打击的。

这里主要是强调有团队的自媒体运营者或相关企业，应尽快开始做抖音短视频运营。因为在团队的协作下，只要舍得投入金钱和精力，不管是涨粉还是整个运营策略，都能够更快速地得到发展，并且能把这个事情做好。

当然，在创建抖音团队时，高效率是大家共同追求的目标，我们可以使用5P要素来帮助自己打造一个拥有高效率特征的抖音团队，具体方法如下。

（1）**团队目标（Purpose）**。抖音团队要制定一个运营目标，而且这个目标还必须简单、明确和统一，然后大家通过共同努力配合来实现这个目标。

（2）**团队成员（People）**。人是团队中不可缺少的元素，各种事项都需要人来完成，没有人将什么都做不了。同时，要选择合适的团队成员，来组建一支高效的抖音团队。

（3）**团队定位（Place）**。将抖音团队放在企业的什么位置，选择谁作为团队领导者，以及各个团队成员的任务安排等，都必须做好明确的定位。

（4）**权限分配（Power）**。分配好团队成员的管理权限，如信息决定权、营销计划决定权、人事决定权等。

（5）**制订计划（Plan）**。计划就是完成目标的具体工作程序，团队必须制定一系列具体的行动方案，所有的团队成员需要严格按计划进行操作，一步步贴近并实现目标。

抖音团队的主要成员包括导演、编剧、演员、摄影师、剪辑师等。其中，演员是最重要的角色，尤其是真人出镜的短视频内容，演员一定要有很好的表演能力或者好的颜值，这些是吸引用户持续关注的必要条件。

抖音团队的主要工作包括选择主题、策划剧本、拍摄剪辑、特效制作和发布维护等。总之，只要你的产品有一定的传播性，你能够有更好的创意，有团队能够把它拍摄出来，则都能够上抖音，都能够有机会火爆。

2.3.5 分析相关数据做好复盘

用户在运营抖音时，一定要掌握一些技巧，不仅仅是录视频和配上背景音乐，发布之后就完成任务了。抖音自媒体同样也要学会数据的分析和运营，下面重点介绍两个数据比例。记住这两个比例，对于你后期的短视频运营和优化有很大的帮助。

（1）第一个是10：1。你的视频如果有10个赞，就应该会增加一个粉丝。

（2）第二个是100：5。就是100个播放量会产生5个赞，这应该算是一个中等水平的数据，很多"网红"比例会高一点，可能是100个播放量就有10个赞甚至更多。

例如，下面这个视频的播放量是1000，按照正常比例来说应该至少有50个赞，但实际点赞数只有23个，也就是看的人较多，但喜欢的人不多，如图2-29所示。那么我们就可以判定这个视频内容需要进行优化，来提升点赞量。

图2-29　该视频的点赞量不正常

要想成为抖音平台上的达人，除了做好过程的运营外，在分析相关数据的基础上进行复盘也是必不可少的工作。复盘不是简单的总结，而是对你过去所做的全部工作进行一个深度的思维演练。抖音运营复盘的作用主要体现在4个方面，具体如下。

（1）了解抖音项目的整体规划和进度。

（2）看到自身的不足、用户的喜好、对手的情况等。

（3）能够站在全局的高度和立场，看待整体局势。

（4）找出并剔除失败因素，重现并放大成功因素。

总的来说，抖音的复盘就是分解项目，并在此过程中分析和改进项目出现的各种问题，从而优化最终的落地方案。抖音的运营与项目管理非常相似，成功的运营离不开好的方案指导。只有采用科学的复盘方案，才能保证抖音的运营更加专业化，更容易产生爆款。

对于抖音运营者来说，复盘是一项必须学会的技能，是个人成长最重要的能力，我们要善于通过复盘来将经验转化为能力，具体的操作步骤如下。

（1）**回顾目标**。目标就好像是一座大厦的地基，如果地基没有建好，那么大厦就会存在很大的隐患，因此不科学的目标可能会导致我们抖音运营的失败。因此，我们在做抖音运营之前，需要拟定一个清晰的目标，并不断回顾和改进。

（2）**评估结果**。复盘的第二个任务就是对比结果，看看是否与当初制定的目标有差异，主要包括刚好完成目标、超额完成目标、未完成目标和添加新目标4种情况，分析相关的结果和问题，并加以探讨改进。

（3）**分析原因**。分析原因是复盘的核心环节，包括成功的因素是什么和失败的根本原因是什么。例如，我们发布的短视频为什么没有人关注，或者哪些短视频成功地吸引到大量粉丝点赞等，将这些成败的原因都分析出来。

（4）**总结经验**。复盘的主要作用就是将运营中的所有经验转化成个人能力，因此最后一步就是总结出有价值的经验，包括得失的体会以及是否有规律性的东西值得思考，还包括下一步的行动计划。

2.3.6 避开抖音运营的各种坑

在短视频领域，渠道运营是非常重要的工作。做短视频渠道运营的过程中，有两块内容我们一定要知道，第一部分是渠道的规则，第二部分是运营的误区。

短视频运营的工作比较复杂，不仅仅要懂内容，还要懂渠道，能做互动，但是内容团队往往没有充足的预算配备完善的运营团队，导致运营者会涉及很多方面的工作内容，一不小心就会陷入工作误区，抓不住工作重点。下面给大家介绍一下最常见的6个抖音运营误区。

1. 过度把精力放在后台

第一个误区是过度把精力放在后台。很多短视频运营者都是从公众号运营转过来的，在做公众号运营的时候，我们发布之前会先发预览，成功发布之后也会第一时间去浏览，在这些场景中我们都是用户身份。

但是做短视频运营的时候，我们往往只注重后台操作，发行之后也不会去每个渠道看，这样的做法是非常不对的。因为每个渠道的产品逻辑不同，如果不注重前台的使用，就无法真正了解这个渠道的用户行为。

2. 不与用户做互动

第二个误区是不与用户做互动。这点很好理解，一般给你内容评论的都是渠道中相对活跃的用户，及时有效的互动有助于吸引用户的关注，而且渠道方也希望创作者可以带动平台的用户活跃起来。

当然，运营者不用每一条评论都去回复，可以筛选一些有想法、有意思或者有价值的评论来回复和互动，如图2-30所示。其实，很多运营者不是不知道互动的重要性，但更多的是因为精力有限，没有时间去实践，还有的就是因为懒。

图2-30　多在评论区与用户进行互动

3. 运营渠道单一

第三个误区是运营的渠道非常单一。建议大家进行多渠道运营，因为多渠道运营会帮助你发现更多的机会，而且很多渠道可能会在不经意间产生爆款，也能增加一些小惊喜。

4. 不管不顾硬追热门

第四个误区是不管不顾硬追热门。追热点其实是值得推荐的，但是要把握好度，内容上不能超出自己的领域，如果热点与自己的领域和创作风格不统一，千万不能硬追热点。

这点可以在抖音上得到验证。往往一个抖音视频火爆了之后，创作者却很难长期留住爆款视频带来的粉丝。因为很多UGC（指用户原创内容）的创作者更多的是去抄袭而不是原创，这样很难持续产出风格统一的作品，所以就算偶然间产出了一两个爆款，也无法黏住粉丝。

5. 从不做数据分析

误区五是我们老生常谈的数据分析了，这是一个需要长期进行的事情。数据可以暴露一些纯粹的问题，比如账号在所有渠道的整体播放量下滑，肯定是哪里出了问题。不管是主观原因还是客观原因，我们都要第一时间排查，如果只是某个渠道突然下滑，那么就要看是不是这个渠道的政策有了调整。

除了监控之外，数据分析还可以指导我们的运营策略，比如分析受众的活跃时间点、竞争对手的活跃时间点等。

以上是抖音运营中比较常见的5个误区，其实还有很多，需要大家在各自的运营工作中去发现问题并寻找解决问题的方法。

6. 内容与目标相关性弱

第六个误区是内容与目标的相关性弱。我们在运营抖音的过程中一定要明确自己的目标，拍摄的视频一定要为目标服务，视频内容一定要与目标具有相关性。对于抖商来说，运营抖音的直接目的就是通过视频营销增加商品的销量，从而赚到更多钱。基于这一点，在视频中应将营销作为重点，而不应该去做一些其他的事，否则很难达到预期的效果。

第 3 章

账号定位：
学会人格化打造高流量IP

要点展示
- 如何精确地找准定位与人设
- 精准定位才是短视频成功的关键
- 定位4大步，自身定位轻松找到
- 打造人格化IP，需要掌握哪6点

学前提示

什么是抖音账号定位？简单来说，就是确定账号的运营方向，让运营活动有的放矢。

为什么有的抖音账号用户看过一眼就能立马记住？主要就是这些账号围绕自身定位，打造了一个人格化的特色IP。

3.1 如何精确地找准定位与人设

从一个抖音新号开始,不管是个人号还是企业号,首先我们要定位的就是原创号,自己拍摄制作视频,而不是搬运,这是最基本的条件,接着就是做好账号定位。账号定位直接决定了我们的涨粉速度、变现方式、赚钱多少、赚钱难度以及引流效果,同时也决定了我们的内容布局和账号布局。

那么,抖音电商运营者如何才能从众多抖音账号中脱颖而出,在抖音用户心中留下深刻的印象呢?其中比较有效的一种方法就是找准定位与人设,向抖音用户清楚地描述你自己是谁、有什么独特之处。

3.1.1 人设到底是指什么

现在有很多所谓的专家或"大师"都常提到比如"人物标签设定""人格化运营"等专业术语,这些词我们看起来都一知半解。那么究竟什么是人设呢?笔者利用一句话来解释,即"一个人的身份和行为特征的呈现"。

例如,大家熟知的"粉红男闺蜜",利用幽默的语调,一人反串"90后妈妈"和"女儿"这两个角色,加上他的短视频主要走搞笑路线,给无数"女闺蜜"带来了欢声笑语,如图3-1所示。

图3-1 "粉红男闺蜜"发布的短视频

大家有没有发现,这些受大家欢迎的网红都有着非常清晰的性格特征,让人看一次就能记住。可能会有人说,这些人所呈现在大众面前的人设都是经过精心设计的。但也有人说了,你所看到的是别人想展示出来让你看到的,别人不想让你看到的你怎么都不会看到。

所以,请大家记住,在玩抖音之前就需要有为自己设计人设的意识。在此,笔者建议大家先问自己以下两个问题。

"我在大家心目中是一个怎样的人?"

"我能为别人提供什么样的价值?"

通过这两个问题可以对自己做一个初步分析,了解自己突出的特点并知道自己能给别人留下一个怎样的印象。

3.1.2 7个做好人设的要素

具体要做什么才能打造一个好的人设呢?笔者给大家提供了一个方法论,即人设7要素。只要围绕着笔者提供的思路进行设计,就能快速找准自己的人设。

1. 形象与个性

形象指的是你的外貌特征,个性即你的特点或"怪癖",这两点决定你能否给观众留下记忆点。比如抖音技术流网红"黑脸V",抖音有那么多技术流,为什么黑脸火了?因为他的作品能让我们眼前一亮,像魔术,又像科幻。他以自己高超的拍摄手法吸引了大家的眼球,是一位非常有才的网红。大家可以翻看他的作品,你会发现每个作品都是"黑脸"形象,如图3-2所示。

图3-2 "黑脸V"发布的短视频

2. 兴趣爱好

你给自己设定的人设一定要是你感兴趣的方向,并且你要在这方面有一定的经验或者阅历，若你在自己不感兴趣的方向给自己强行加戏，可能会让大家感觉很尴尬。例如，曾经一周涨粉359万的"麻辣德子"，他除了做菜水平专业外，平时也爱给自己媳妇做饭，如图3-3所示。所以他做的这个美食账号要比同类型账号都要好。

图3-3　"麻辣德子"发布的短视频

3. 周围的环境与人

这一点指的是让大家在设计人设的时候结合自己生活中的环境或人，因为只有记录生活中自己真实的状态，在实际操作时才会更简单。比如抖音上有很多的情侣或夫妻账号，就是用不同的方式将生活中的场景展现给观众。例如，"中韩夫妇"就是将夫妻间相处的一些事情通过短视频的形式呈现给大家，如图3-4所示。

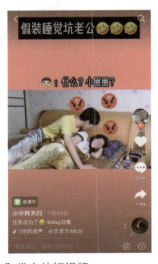

图3-4　"中韩夫妇"发布的短视频

4. 用户需求

在确定人设的时候，我们一定要思考这样的人设是否能满足大众的某项需求。比如，走情感暖心路线的"七舅脑爷"，他满足的就是大众女性对"完美男人"的向往。

我们都知道，完美的男人根本就不存在，在现在的社会中，不负责任的男性也不少，因此女性的内心非常缺乏安全感。而"七舅脑爷"的出现，给处于恋爱阶段的男性提供了学习和模仿的参照，同时也为单身的女性提供了美好的精神寄托。

如图3-5所示为"七舅脑爷"发布的一则在有女朋友的情况下，遇到其他女生追求的短视频，该短视频给那些在恋爱中遇到其他吸引和诱惑的男性提供了参考。

5. 市场差异化

这一点很好理解，即你为自己设定的人设与市面上同类型的账号相比，有哪些不一样。如果仅仅只是跟风和模仿，那么这个账号不仅没有自己的任何特色，还会使用户把你的内容与原作者的内容进行对比，这样是得不偿失的。

有一个抖音名叫"小辉辉"的95后小姑娘因在火锅店跳俏皮舞而出名，如图3-6所示。"小辉辉"走红之后好多人穿着中式礼服各种模仿，现在大家记得的都是"小辉辉"，又有几个人会记得这些模仿者呢？

6. 你的价值观

说起"价值观"，可能很多人会犯嘀咕，设计人设怎么会跟价值观扯上关系呢？但实际上这一点非常重要，因为你的人设所呈现的东西，其实就是一种价值观的体现。所谓的价值观就是你内心所相信和坚持的，也只有吸引人的价值观才能使你走得更长远。

图3-5 "七舅脑爷"发布的短视频

图3-6 "小辉辉"发布的短视频

例如，因为一首《让我做你的眼睛》红遍大江南北的莉哥，本来这样一个邻家女孩形象的才女应该是风光无比的，却因为严重违背了社会主义核心价值观被点名批评并被拘留，从此在网红界再也抬不起头了。

7. 可持续

可持续指的是你的人设是否能一直发展下去，即你的人设下可不可以源源不断地产生内容。如果只是转瞬即逝，用户很快就会把你忘记。

这方面比较具有代表性的当属"一禅小和尚"了，这个账号用漫画的形式，通过小和尚和其师父的对话向广大抖音用户持续传达了关于人生和情感的许多道理，引发了大量抖音用户的共鸣，如图3-7所示。

图3-7 "一禅小和尚"发布的短视频

3.1.3 学会给自己贴上合适的标签

相信玩抖音的朋友都熟知毛毛姐，他的一句"好嗨哦！"传遍大江南北，无数女生成为了他的忠实粉丝。你知道他在粉丝心中留下了怎样的印象点吗？不错，就是一个能给人带来欢乐的毒舌"闺蜜"。

那么这个"毒舌"闺蜜的印象点又是通过哪些标签树立起来的呢？反串、红头发、一人饰两角、贵州方言、魔性的笑声、丰富表情、说话犀利等，都是毛毛姐身上的标签，将这些标签集于一身，就是他在抖音火起来的原因。

如果现在给你1分钟，思考自己的标签是什么？关于这个标签，必须是你身上最突出的，是不同于别人的。当这样去思考的时候，你是不是感到有些迷茫，不知道适合自己的标签是什么样的？有这种感觉就对了！实际上，大家在抖音看到的所有网红，他们所呈现在大众心中的人设，其实都是精心策划的。

例如，舞蹈网红"代古拉k"的人设是一个笑得特别甜的邻家小姐姐；美食网红"麻辣德子"的人设是一个看上去憨厚老实会做饭的好丈夫；情感网红"七舅脑爷"则是很懂套路会疼女孩子的完美好男人。一个好的人设不仅能让人记忆深刻，还可以树立专业形象，快速获得粉丝的喜欢和信任。

3.1.4 用一个词描述你自己

用一个词描述自己是谁，这一点看似很简单，其实是一个非常有学问的事。想要找准定位和人设，我们需要从两部分入手：一个是对内，另一个是对外。

对内有两点：**一是你自己擅长或感兴趣的；二是是否易于操作。**

对外也有两点：**一是你所选择的领域还有没有机会；二是你所呈现出的内容能满足大众什么需求点。**

我们先来看对内，对内即关乎自己的，首先把自己的优点找出来，说得直白一些就是要找到自己比别人做得更好的地方。

当然，有不少人说自己什么都不会，把自己说得一无是处。笔者记得李诞曾自黑说自己是个废物，并说想做一个什么都不会的废物是需要天赋的，普通人只能好好活着。李诞说完这句话之后，台下的观众立刻一片沸腾。更有网友评论："我信了，诞总厉害。"

在很多人眼中，李诞之所以能火，靠的就是一张嘴，其他的似乎什么都不会。其实，李诞的言外之意是想告诉大家，我们每个人都有自己的优点、缺点，我们要善于发现，并培养自己的优点，或许你在某方面存在不足，但是，每个人都有属于自己的优点和长处。

而笔者想告诉大家，我们要敢于尝试和突破自己，不要因为自己的缺点而觉得自己一无是处。我们应该正视自己的缺点，发现自己的优点。

在抖音有个叫"子英"的账号，她和她老公在上海做点小生意，这对夫妻是普通得不能再普通的人。但是她利用抖音记录自己与老公的打工生活，将夫妻俩努力工作和互相照顾的日常发布在抖音上。

虽然这些视频没有修饰，也没有高大上的配音，只有他们默默照顾对方和干活的画面，但每个作品基本都有过千的点赞量，其中还有一个作品点赞超过39万。所以说，所谓的擅长并不是说自己要多厉害，而是找到自己的特色和亮点。

3.1.5 分析同行，找到未被满足的点

俗话说知己知彼，才能百战百胜。做任何事情都离不开找对标的产品，特别是当我们

进入一个新领域时，更要学会关注、分析同行。接下来，笔者就告诉大家如何精准找到同行以及从同行身上快速收集我们想要的信息。

先在你的垂直领域提炼关键词。比如你做的是健身类账号，就可以思考哪些关键词与健身类相关联，如减肥、塑形、增肌、跑步、拉伸等。与健身相关联的关键词还有很多，如果自己一时半会儿想不出来那么多，还可以在垂直网站直接搜索，这样就可以轻松找到你想要的。

接着专门开一个小号。在抖音左上角搜索框输入你的关键词，会出现很多同类型账号，我们可以先关注粉丝量多的抖音号，剩下的账号可以查看对方的往期作品，只要是对自己有帮助的账号都要关注，平均每个关键词关注10个左右账号，加上其他大V的账号，最好关注100个以上。

100个账号看起来可能觉得有些多，为了研究抖音，笔者一共关注了几千个账号，因为每天都会有新的账号出来，只要觉得有用、有特色，笔者就会关注。之所以大量进行关注，其实也是为了方便筛选适合自己的对标账号。

关注以后就没事了吗？当然不是。我们还要每天抽时间去分析重点账号，研究他们的运营套路和创意思路。

利用西瓜指数或卡思数据分析同行每天的数据，甚至同行的视频是什么时候上的热门、每天发布作品的时间、当天涨了多少粉丝等，我们都要了解得一清二楚！如果对方留有社交媒体账号，也要一一关注，了解对方每天在发什么内容，他们是如何做活动和商业变现的。

通过一段时间对同行的关注和总结，以及我们不断地落地和优化，就能快速地内化成属于自己的差异化的优势。还能通过预测同行的下一步动作和计划，在他们前面采取行动，赢得更多机会。

3.1.6 思考人设可以满足大众的需求点

我们可以发现抖音上的头部账号都有一个共同点：**在某一个方面做到了极致**，可以满足大众对这一方面的需求。通俗来讲，即抖音用户认为你的内容对他（她）是有意义的、有帮助的、有用的。

当然，用户在这里获得的用处可能不尽相同，既可以是获得某些知识，也可以是带来了视觉或听觉上的刺激，还可以是给抖音用户带来了情感上的共鸣。

例如，有着"口红一哥"之称的李佳琦之所以可以获得超过3000万粉丝，就是因为"口红一哥"这个人设带来的强大号召力，以及他分享的短视频对抖音用户选择口红是有用处的。图3-8所示为李佳琦的抖音号——"李佳琦Austin"的个人主页及发布的短视频。

图3-8 "李佳琦Austin"的个人主页及发布的短视频

3.2 精准定位才是短视频成功的关键

抖音平台的短视频多得数不胜数,那么到底什么样的短视频更容易打动抖音用户呢?其中比较关键的一点在于**通过精准的定位,将短视频内容有针对性地传达至目标抖音用户的心中**。

那么,如何进行精准定位呢?笔者个人认为可以分别从行业、人群和个人3个方面进行定位,让你拍摄的短视频内容更加精准。

3.2.1 根据爱好和优势,确定行业定位

如果想给自己设定人设,首先就得想清楚,你要做什么类型的产品,换言之就是确定自己的定位。此处的定位指的是产品定位,即你要卖什么领域的商品。

抖音种草(指利用抖音分享推荐某一商品的优异品质,以激发他人购买)主要有以下几个领域,如生活用品、护肤彩妆、零食特产、男装女装、母婴育儿、鞋帽箱包、玩具图书等,我们可以根据自己的兴趣爱好和优势选择想做的垂直领域。

抖音账号定位的核心秘诀:一个账号只专注一个行业(方向定位),不能今天发美食、明天发英语、后天发游戏。我们在布局抖音号时,应该重点布局3类抖音号:行业号(奠定行业地位)、专家号(奠定专家地位)、企业号(奠定企业地位)。

除此之外,用户在制作视频内容的过程中,必须确定好定位,并且不能随意确定,否

则越到后期账号会越难产出新内容，最后还有可能会发生没有内容更新的情况。

账号定位做好之后，接着就是通过领域细分，做深度的内容。为什么只更新深度内容？还是那句话：**什么样的定位，吸引什么样的目标人群**。所以，我们确定什么样的定位，直接决定了我们后期要更新的内容。

比如，美食行业就包含了很多内容，那么，我们可以通过领域细分在某一方面进行重点突破。

3.2.2 根据目标用户，确定人群定位

大多数人都不知道应该怎样利用短视频找到属于自己的目标客户。想要找到目标客户，必然要做垂直内容。

比如，如果你是卖健身产品的，那你就可以发健身干货的内容；如果你是卖服装的，你就发穿搭或者变装的内容；如果你是卖美食的，那你就发一些菜谱、厨艺技能等。总之，你发布的内容越垂直越有价值，吸引的粉丝也就越精准，也就更容易变现。

3.2.3 根据个人优势，确定个人定位

确定好领域后，我们再根据自己的性格特点来设计人设。比如，如果你是一个宝妈，平时在抖音分享的是一些比较专业的育儿常识，那么就可以给自己塑造一个育儿专家的形象。你有了会带孩子的人设，其他的妈妈就会对你产生信任感，这时候你再给大家推荐你用过的母婴类产品，自然就能达到变现的目的。

或许会有人说，直接模仿不是更省事吗？什么销量高我就卖什么。这样的操作在种草号还不多的时候，的确可以赚到一笔快钱。不过随着抖音越来越火，种草玩家就越来越多，如果你只是单一的模仿，不加入自己的特质，也没有产品定位，那么你很难沉淀出核心用户。

再简单一点来说，就是用户会因为你的产品刚好这一次是热门而在你这里达成交易，但是当客户点开你的主页，发现你什么类型的产品都有，没有垂直定位，用户就会认为你是一个不专业的商户，推荐的商品也不是用心的，是没有质量保障的，自然也就不会关注你，更别说会变成回头客了。

如果想把自己的产品卖给同一个人好几次，就要拥有属于自己的人设和定位，将自己的种草号打造成精品店铺，而不是什么都卖的杂货铺。因为只有人设清晰，我们才有可能吸引目标用户的关注，并且在对我们建立了信任的基础上，用户如果下次有相关的需求，会在第一时间就想到你，这样用户就发展成了我们的精准用户。

总之，大家一定要活学活用，先去做，举一反三，在做的过程中不断学习和调整，不要被眼前的问题所局限，很多问题在实际操作的过程中会迎刃而解。

3.3 定位4大步，自身定位轻松找到

要想从众多抖音号中脱颖而出，必须要先找准自身定位。那么，我们要怎样才能找准自身定位呢？笔者认为，大家只需做好以下4步即可。

3.3.1 定赛道

很多人都知道做垂直领域是很重要的，但是具体要怎么做却都不太清楚。

首先，你要了解目前各垂直分类的实际布局，抖音上目前有公益、艺术、时尚、动漫等60多个不同的垂直分类，你只需借助工具就能了解每个垂直分类下的达人情况，比如飞瓜数据，不仅可以看到各分类下的达人具体排名，还可以看到**粉丝画像：性别、年龄、地域、星座分布**。通过工具，我们可以掌握以下3个方面的信息。

（1）当前的红海和蓝海领域有哪些？哪些领域还有适合你的机会？

（2）如果将同一类目的前10名达人的粉丝画像进行统计，你就能从中发现一些有价值的规律。你所统计的样本越多，也就越容易得到最准确的数据，从这些数据中你能够提炼出目标群体的身份标签。

（3）着重观察自己感兴趣的分类，初步寻找空白点，看哪一个分类市场还未被满足。

了解完垂直分类的布局，接下来，笔者给大家分享一个确定垂直领域的实操方法：分解二级分类，进行分类标签的重新组合。抖音60多个垂直品类下又有许多的二级小分类。

例如，在搞笑这个一级分类下还可以分为段子、糗事、恶搞、神回复等二级分类，当然，我们还可以根据达人的身份标签进行归类，比如情侣搞笑、上班族搞笑、教师搞笑等；也可以按照场景来划分，如家庭搞笑、咖啡厅搞笑、舞台搞笑等。另外这些标签还可以再进行维度上的组合，如情侣咖啡厅搞笑、老师家庭搞笑等。

以上就是寻求差异化的过程，只有保持了差异化，辨识度足够高，才能占据更多观众的心，你的IP塑造之路才会充满可持续性。

笔者在这里再次强调一下做专注的垂直领域的重要性。如果你发布了一个A领域的视频，系统会将视频推送给喜欢A领域的用户。

如果你经常发不同领域的视频，一条A，一条B，一条C，这样下来，抖音可能会懵掉，误把A领域的视频推荐给喜欢B领域视频的用户，这样会导致点赞率、评论率、完播率都很低。长期这样，抖音系统就不会再给你的账号分配流量，这样导致的结果就是你这个抖音号基本作废。

3.3.2 定类型及呈现方式

目前抖音主要有以下几种视频类型：商品导购类、知识传播类、娱乐搞笑类、音乐表演类、记录生活类、科技类、企业官方账号类、游戏类、二次加工类。

主流的视频呈现形式有3种，分别是**真人出境**、**动画和图文**。因为图文类同质化严重，所以2019年5月1日官方就对所有图文类的进行限流。因此，拍摄抖音短视频，应该尽量让真人出境或者做动画类。

真人出境类的短视频会依赖于演员的颜值或戏精程度，这两者会决定IP能走多远。同样是有1000万粉丝的账号，一个是虚拟形象作为主角，一个是真实人物作为主角，那么一定是前者的商业价值更大，因为虚拟形象的颜值和戏精程度是可以通过各种处理进行精准把控的。

3.3.3 定标签

接下来是第3步，我们应该怎样为自己设定标签？其实就是和我们的作品匹配关键词，这个关键词是很重要的，它能让目标粉丝通过搜索找到你，进而关注你。

我们在定位的第一步定赛道中提到了垂直领域信息调研，其实通过信息调研，我们可以统计出相似账号的常见关键词，这只是给自己贴标签的其中一方面。我们还可以把这个当作一句话的个人介绍，能让不熟悉你的人记住你，进而关注你、喜欢你。有了标签，就确定了创作方向。

3.3.4 定差异化展示

差异化展示包含名字、头像、签名、背景墙等要素。下面，笔者就来分别进行解读。

1．名字

名字一定要符合好记的原则。许多抖音达人在取名时，都是根据自己的喜好来取的，直接忽视掉了取名的重要性。其实，虽然抖音名字可以修改，但还是长期使用一个固定的名字更有辨识度。这就如同你加了一个陌生人的微信，但是他隔三岔五就换名字，先不说你会找不到他，即使找到了你也会忘记他是谁。

我们可以使用取名字的万能公式：行业名＋姓名，这样不但方便别人在抖音上搜索到你，而且能马上知道你是干什么的。

2．头像

如果是个人号，最好使用自己的正面形象照片；如果是企业号，可以用企业LOGO图。不论是个人还是企业，照片一定要高清，看上去要符合账号人设，而且要让人一眼看去感觉到舒服。

3. 签名

签名就是简单的一句话,这一句话不同于个人标签,因为两者面对的群体不同。在这里,你需要简单粗暴地表明自己及账号的价值所在。例如,你是一个健身类的账号,就可以在签名中将"健身""塑形""运动"等关键词写进去,让人一看就知道你的价值所在,如图3-9所示。

图3-9　健身类账号的签名

4. 背景墙

许多人都会忽视背景墙的作用,背景墙其实可以起到画龙点睛的效果,几句话或者符合账号调性的配图,都能强化账号的个性。

总之,具体抖音账号元素的设计要符合两个原则:一是格调统一,即头像、背景墙等用色要一致,风格要一致;二是看上去要大方美观。通过上面这四步制定由表及里、由内及外的详尽的定位方案,相信你在玩抖音这件事上会更加清晰。

3.4 打造人格化IP,需要掌握哪6点

依靠抖音成长起来的IP越来越多,即便你不是抖音的深度用户,也一定听说过"好嗨哟!"和"OMG,买它!"这两句话出自抖音头部的两个视频主播——"多余和毛毛姐""李佳琦Austin"。

毛毛姐和李佳琦已经拥有极高的IP辨识度，并且还在持续不断地对观众重复、深化，让观众形成了稳定而清晰的记忆点。几乎没有人可以复制出毛毛姐独特的声音和表达方式，也没有人可以变身为另一个李佳琦。他们如今所获得的地位，不是谁都能轻易替代的，这就是打造抖音人格化IP的优势所在。

那么，如何打造人格化的IP呢？笔者总结了以下6点。

3.4.1 "6部曲"策划流程把账号打造成IP

要想将一个账号打造成IP，通常需要经过以下6个步骤。

1. 确定目标

我们做每件事都应该要清楚目标，只有目标清晰了，才能朝着目标前进。因此，要想打造一个IP，首先要做的就是确定打造IP的目标。通常来说，大部分人打造IP只有两个目标：吸粉和变现。

2. 确立定位和人设

IP打造的目标确定之后，接下来要做的就是根据目标，并结合个人性格特征和自身优势等确立定位和人设。这一步的具体操作可以重点参考本章前3节内容。

3. 思考创作方向

定位和人设确立之后，就可以思考短视频的创作方向了。通常来说，短视频的内容有3个思考方向：一是自身优势，即自己能做什么；二是找到市场未被满足的部分，做出差异化；三是从可操作性出发，选择易于操作的内容方向。

4. 剧本设定和探讨

有的抖音短视频可能只要短短的十几秒，但是，要想拍好这十几秒视频却不是一件容易的事。抖音短视频的拍摄是一个系统工程，要想快速拍出高质量的短视频，首先得在拍摄之前进行剧本的设定和探讨，并根据剧本进行相应的准备。

5. 短视频拍摄

如何直接用抖音App拍摄短视频？下面，笔者就对具体的拍摄步骤进行说明。

步骤 01　登录抖音短视频App，进入"首页"界面，并点击界面中的[+]图标，如图3-10所示。

步骤 02　操作完成后，进入抖音短视频拍摄界面，点击上方的"选择音乐"按钮，如图3-11所示。

图3-10　点击[＋]按钮

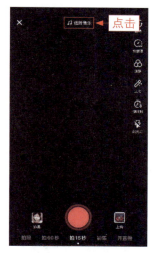
图3-11　点击"选择音乐"按钮

步骤 03　进入"选择音乐"界面，在该界面中，用户可以使用推荐的音乐，也可以搜索指定的音乐，如图3-12所示。下面，笔者以搜索指定音乐进行说明。

步骤 04　在搜索栏中输入音乐名称，从搜索结果中选择需要的音乐，如图3-13所示。

步骤 05　操作完成后，对应音乐后方将出现"使用"按钮。抖音用户如需使用该音乐，只需点击该按钮即可，如图3-14所示。

图3-12　"选择音乐"界面

图3-13　选择需要的音乐

图3-14　点击"使用"按钮

步骤 06　操作完成后，返回抖音短视频拍摄界面。如果此时界面中显示音乐的名称，就说明音乐设置成功了，如图3-15所示。

步骤 07　背景音乐设置完成后点击"翻转"按钮，可以切换前后摄像头，通常情况下，除了自拍外都使用后置摄像头。点击"快慢速"按钮；设置拍摄速度，如图3-16所示。

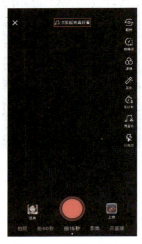
图3-15　显示音乐名称

图3-16　设置拍摄速度

步骤 08　点击拍摄界面的"滤镜"按钮，进入选择滤镜界面。系统提供了4种滤镜类型，用户可以根据需求进行选择，如图3-17所示。

步骤 09　"美化"效果主要针对人物的调整。点击"美化"按钮进入其界面，可以调整磨皮、瘦脸、大眼、口红和腮红这5个选项，通常用于拍摄人物时使用，拖动拉杆即可调整美颜效果，如图3-18所示。

图3-17　选择滤镜

图3-18　"美化"设置界面

步骤 10　在拍摄界面点击"倒计时"按钮，可以编辑拍摄时间。拖动右侧的拉杆可以设置暂停位置，如图3-19所示。

步骤 11　拍摄方式有拍照、单击拍摄和长按拍摄3种类型，拍照主要用来拍摄照片，单击拍摄可以用单击来控制拍摄时长，长按拍摄则需要一直按住拍摄按钮，如图3-20所示。

图3-19　"倒计时"设置界面

图3-20　抖音短视频长按拍摄

步骤 12　通常使用单击拍摄即可，点击红色的拍摄按钮后即可开始拍摄，再次点击可以暂停拍摄，如图3-21所示。

步骤 13　拍摄完成后，点击右下角的按钮，进入短视频后期处理界面，在此可以剪辑音乐、处理声音、选择配乐和封面、添加特效和滤镜，如图3-22所示。

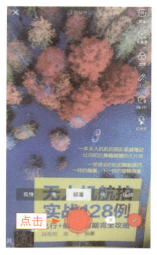

图3-21　抖音短视频点击拍摄

图3-22　抖音短视频后期处理界面

步骤 14　点击短视频后期处理界面中的"下一步"按钮，即可进入如图3-23所示的发布界面。此时，视频的拍摄和上传便完成了。

6. 剪辑、分发和运营

很多朋友对于工具的使用还不是很清楚，尤其是剪辑工具，接下来给大家推荐一款剪辑工具叫"剪映"，可能有很多人听说过这款软件，这是抖音官方投资的一款视频剪辑软件，里面的功能非常强大。下面，笔者就对利用"剪映"剪辑短视频的步骤进行具体的说明。

步骤 01　打开剪映App，然后点击"开始创作"按钮，如图3-24所示。

步骤 02　进入"视频"界面，选择需要剪辑的短视频；点击"添加到项目"按钮，如图3-25所示。

图3-23　"发布"界面

图3-24　点击"开始创作"按钮

图3-25　点击"添加到项目"按钮

步骤 03　选择好想操作的视频后，会看到"关闭原声"选项，当选择关闭后，视频的原声包括人声和背景音乐都将会被关闭，达到为视频静音的效果。然后点击"剪辑"按钮，如图3-26所示。

步骤 04　操作完成后，进入剪辑界面会发现有以下功能可供操作：分割、变速、音量、变声、删除、降噪、复制、倒放、定格和旋转，如图3-27所示。

图3-26 点击"剪辑"按钮　　　　图3-27 剪辑界面

步骤 05 这里着重讲两个常用功能，分别是视频变速和改变声音。先说变速功能，点击变速按钮，在底部的滑块上，如果往左移动滑块，就是慢速播放，往右移动就是快速播放。剪映默认的速度是1×，设置好速度后，点击底部的■按钮，如图3-28所示。

在拍摄商品的时候，像拆箱或者使用说明，因为内容会比较无趣，这个时候我们可以适当加速往右移0.5×，以此快速地进入正题。如果需要拍摄特写展示效果，那我们就可以让速度放慢，一般加速往左移0.5×，让用户看清楚商品的好处。

步骤 06 说完视频变速，我们再说声音改变。很多人觉得自己的声音要么非常尖，要么听起来有气无力，总觉得很别扭。这都是因为后天缺乏专业训练的原因，怎么办呢？大家可以点击"变声"按钮，进行变声设置。系统提供了大叔、萝莉、男生、女生等不同类型的变声效果，能完美解决你对声音不自信的问题，如图3-29所示。

步骤 07 接下来，介绍"音频"菜单。点击"音频"按钮，进入音频界面，可以为视频素材添加音乐、音效，从视频中提取音乐和录制声音，如图3-30所示。

剪映给大家提供了非常多的抖音里比较火的背景音乐和音效，基本能覆盖大家在拍摄商品中经常需要用到的音乐素材。在这里笔者着重讲一下"录音"这个功能，大家有没有发现很多别人发的视频，配合着商品视频都配有一段很长的旁白解说？其实他们也记不住那么多台词，这些都是他们提前拍摄的素材，等后期制作的时候使用"录音"功能对着写好的稿子配的画外音。

步骤 08 画外音录制好以后，再点击"文本"菜单，进入如图3-31所示的文本界面。

图3-28 变速界面

图3-29 变声界面

图3-30 音频界面

图3-31 文本界面

大家可以通过"新建文本"添加字幕和文字；通过"识别字幕"自动添加字幕到视频上，如果在识别的过程中有错别字，可以点击字幕加以修正；修正以后，如果想在视频中添加一些图片效果，可以点击"添加贴纸"按钮，打开贴纸列表，选择贴纸，选择好以后，可以将贴纸拖动到视频中想放置的位置。如果想让这个贴纸更炫酷一些，也可以点击"动画"按钮，选择想要的动画效果即可。

步骤 09 选择好贴纸后，为了让视频具备美感，这个时候就要用到"滤镜"功能。点击"滤镜"菜单，打开滤镜列表，拍商品一般可以选择"自然"或者"鲜亮"，如图

3-32所示。

步骤 10 接下来再来介绍下剪映基础功能中的重点，也就是特效功能。同样一个商品视频，有的人拍出来就显得不高级，而有的人拍出来就像一个大片，看上去就很"高大上"，这就是加了特效和没加特效的区别。

点击"特效"菜单，这里面可以添加基础、动感、梦幻、复古、自然、分屏和边框视频特效，如图3-33所示。

步骤 11 接下来点击"比例"按钮，进入比例界面，可以看到系统提供了很多视频比例，如图3-34所示。

抖音一般主流的比例有两种格式，分别是竖屏9∶16和横屏的16∶9。如果你的作品是真人出镜那就推荐竖屏，因为竖屏会显得更立体，整个人的轮廓也非常清晰。如果你只拍自己的商品，那就推荐用横屏，因为横屏呈现的东西更全一些，而且上下两个背景墙，也可以添加一些其他的辅助介绍。

当然，具体的视频比例，还是要根据自己的作品来。总之有一个标准，那就是让用户看着感觉自然和舒服。

图3-32 滤镜界面

图3-33 特效界面

步骤 12 如果是横屏，可能需要用"背景"来进行装扮。点击"背景"按钮，进入背景界面，可以设置画布颜色、画布样式和画布模糊效果，增强整个视频的视觉体验度，如图3-35所示。

步骤 13 点击"调节"菜单，进入调节界面。可以设置视频素材的亮度、对比度、饱和度、锐化和高光，如图3-36所示。商品视频光线一般调得明亮点，这样能激发用户的购买欲。

图3-34 比例界面

图3-35 背景界面

步骤 14 如果是真人出镜,但对自己颜值不够自信的,可以点击"美颜"按钮,进入如图3-37所示的美颜界面。设置人物磨皮和瘦脸,这里一定要看上去真实,差不多就行,不能为了让自己变得美,故意把自己拉成"蛇精脸",那样会让用户觉得你这个人很做作,会得不偿失。

步骤 15 在剪映中剪辑好视频以后点击"导出"按钮,进入如图3-38所示的视频导出界面。视频保存完毕后,会显示"已保存到相册"。此时,点击"一键分享到抖音"按钮,就可以发布到抖音上了,如图3-39所示。

图3-36 调节界面

图3-37 美颜界面

图3-38 视频导出界面　　图3-39 点击"一键分享到抖音"按钮

至此,剪辑的基础部分结束了。剪辑完成后,抖音电商运营者便可以将短视频进行分发,有多个抖音账号的可以分别在各个账号发布短视频。如果抖音电商运营者在其他短视频平台有账号,也可将剪辑完成后的短视频进行发布,从而获取更多的流量。

完成短视频的分发工作之后,抖音电商运营者还应根据需要打造的IP定位和人设进行账号的运营。例如,通过短视频打造属于自己的金句,塑造具有代表性的IP形象等。

3.4.2 人格化IP的"人性"特征要如何设计

被市场验证过的IP能跟用户建立密切联系和深厚的信用度,并且能实现情感层面的深层次交流,让用户感受到他是跟一个人在交流,有温度,并且能得到回应。这就是人格化。

人格化,需要借助下面这4个维度来进行系统的设计。

(1)语言风格。你来自于哪里,比如你有没有明显的口音,以及你的声调、音色等。

(2)肢体语言。你的眼神、表情、手势、动作是怎样的,有没有自己的性格,是开放,还是拘谨,是安静,还是丰富。

(3)标志性动作。有没有频繁出现、辨识度高的动作,这一条大部分需要后期刻意进行策划。

(4)人设名字。名字越朗朗上口越好,方便别人记住你,最好融入一些本人的情绪、性格、爱好等色彩。

上面这些都是聚焦外在认知符号的外壳设计,想要深入人心,就得借鉴一个人内在价值观的展现，接下来，我们详细讲解到底什么是价值观和内在需求。

3.4.3 人格化因子要为"人的心理需求"代言

不管是口头语言、肢体语言，还是人设与外在世界的互动方式，背后都有不同的价值观在做支撑，例如人的性格、价值观、阶层属性（善良、真诚、勇敢、坚韧、奋斗、包容、豁达、匠心、个性、追求极致）等。

这些都能引起人内心深处的精神共鸣，因为人在万丈红尘中有时候所追求的，无非就是人格及精神层面上的认同。

拿"一禅小和尚"来说，一大一小两个和尚拆解世间情感，让寻求心灵寄托的人得到情绪上的纾解，借用禅味来讲情感，相当有说服力；而坐拥3000多万粉丝的"多余和毛毛姐"，集合了女性共有的性格和心理特征，巧妙刻画了一个备受女性观众认同的角色，让人直呼"内容太过真实"，引起用户的强烈认同感。

不仅抖音作品如此，但凡文化商品都具有这样的特质。例如故宫衍生品，迎合了人们对传统文化的精神认同感；又如哈利·波特满足了人们对异想空间的向往；再如网络上有口皆碑的黄渤，对他的推崇折射出人们对和谐人际关系的向往。

在我们策划人格化IP符号之前，要先将你内在层面的东西确立下来，然后在实际运营的过程中不断进行反馈调整。人们都期待一个理想化的自我，在对抖音上各类IP的关注和喜爱中，其实用户往往不知不觉地完成了"理想化自我"的塑造过程。这一点，是需要大家花时间深入理解的。

3.4.4 IP的形成是有过程的：塑造到成型再到深入

真正的IP意味着：有可识别的品牌化形象、黏性高又成规模的粉丝基础、长时间深层次的情感渗透、可持续可变现的衍生基础。塑造优质IP，需要做好打持久战的准备。因为任何事物品牌化都需要一个过程，在这里我们举一个案例来进行说明。

抖音有一个搞笑达人，号叫"嘿人李逵"，这个抖音账号拥有700多万粉丝，图3-40所示为该账号的个人主页。

"嘿人李逵"是贝壳视频下的一个头部账号，他们把这个IP的打造分为了3个阶段，分别是塑造期、成型期、深入期，每一个阶段都制定了不同的内容输出方案。

在塑造期，作品中重点体现的就是李逵的人设和性格特征，所有的内容都会围绕着人设来进行打造。经过一段时间的试验，发现粉丝反馈最多的人设标签前三就是"戏精""搞笑""蠢萌"。

接下来，他们就通过不同的内容来放大这3个标签，以此来辐射更多的观看人群。经过测试，最终确定一个独有的标签，作为"嘿人李逵"的主要人设特征。

图3-40 "嘿人李逵"的个人主页

在成型期,主要的工作是强化人设,围绕着确定的人设去设计内容。在这个阶段,策划团队尝试了对人设的一个丰富化和延展。例如,策划具备正能量的作品,让粉丝看到李逵不仅很有趣而且有担当有社会责任感;又如,策划体现中外文化差异的作品,通过李逵的外国人身份将外国文化与我国传统的本土文化进行碰撞,像《外国人为什么不闹伴娘》《中国的那些杠精》就是这类的代表作。

在深入期,团队透过多元化的内容一直在挖掘、塑造人设的多面性,力图让粉丝在观看的时候有新鲜感。策划团队推出了四川方言题材的内容,让其人格化的标签更加地域化,作品更加垂直。

他们把经典小品片段加上抖音神曲,创作出一批适合李逵表演的搞笑内容,加上李逵的表演天赋极高,大家对经典小品又有情结,这类视频作品让李逵的IP更加深入人心,成为"全网最红的黑人"。

通过这3个阶段,从塑造期到成型期再到深入期,IP经历了市场的检验、论证和内部调整,会越来越趋向于成为一个优秀的IP。

3.4.5 阶段不同,打造人格化IP的内容体系也不同

前面我们用了"嘿人李逵"的例子来说明抖音IP形成的一个阶段性,在不同的阶段,需要我们策划的作品内容体系也是不同的。对于抖音账号策划及运营人员来说,有的可以完整地参与一个账号的启动和成长,有的就需要对已成型的账号进行重新规划,那这两者的工作内容是完全不同的。维护和经营一个IP,按照前期、中期和后期的阶段划分,在内容上有不同的侧重。

在前期,首要任务就是策划出奇制胜的内容,让更多的用户知道这个账号,看到这个内容。一句话就是吸引目标用户的注意。

在中期，就要不断对已有的内容体系进行扩容，同时慢慢展现多样化的内容标签，催生账号的成长升级以及如何更好变现的问题。

在后期，IP的迭代升级是一个巨大的有难度的工程，因为有一定的人设定位和粉丝积淀，重新打造IP的试错成本就会变得很高，那么在这一阶段，账号与账号之间的合作就会起到比较好的作用，再有就是要进行文化资源上的整合。通常在这一阶段，许多ID都会考虑出圈，做影视、综艺以及其他文化形态的事情，通过跨界以便于IP生命力的持续发展。

3.4.6 一定要持续创新和输出内容，保持账号活跃

一个IP的产生，需要不断地推出新内容以保持账号的活跃，如果长时间没有新的内容输出，粉丝就会疲软，从而取消关注。所以一定要认真对待持续输出的工作，这样的IP才有持续的商业价值。目前许多抖音号为了吸引用户的注意力，都是一周三更、四更的节奏。

相信本节中打造个人化IP的6点技巧，能对你打造抖音账号的定位起到指引的作用。如果没有正确的定位认知，你会更快地触到玩抖音的天花板，或者频繁修改你创作的目标方向。

第4章

热门技巧:
短视频快速突破10W赞

要点展示
- 上热门有哪些要求你知道吗
- 抖音轻松上热门的6大技巧
- 关于抖音的10大热门内容

学前提示

抖音用户一般都会刷推荐页,在刷到有趣的视频之后点击关注,并且会关注很多人,但不会专门去看这些博主的新视频。所以,我们只有上热门被推荐,才能被更多人看到。本章主要介绍在抖音平台上被推荐上热门的一些实用技巧,包括上热门的前提要求、视频类型、爆款内容和热门技巧等。

抖音基础篇

4.1 上热门有哪些要求你知道吗

某次，笔者写了一篇关于抖音视频快速涨粉的方法的文章，底下留言的人很多，有说真详细的，有说条理清晰的，还有说干货、内容不错的，但是也有一些反驳的声音，其中，印象比较深刻的是有一个人说："只有自拍才会上热门，平台不允许其他形式的抖音视频上传。"结果，他的评论下面一片嘘声，有人说他是"抖音菜鸟"，并回复到："如果不让上传，那么那些播放量几万、几十万的视频哪儿来的？"

其实，笔者看了评论之后没有生气，而是在反思：是否有很多人还不知道抖音能拍什么视频呢？抖音只是搭建了一个平台，怎么玩还得靠用户自己摸索。因此，笔者在本章将抖音目前播放量最火的视频做个总结，给大家参考和提供方向，让大家在玩抖音的时候少走弯路。

首先对于上热门，抖音官方做了一些基本要求，这是大家必须知道的基本原则，本节将介绍具体的内容。

4.1.1 个人原创内容

抖音上热门的第一个要求就是：视频必须为个人原创。很多人做抖音之后不知道拍摄什么内容，其实这个内容的选择没那么难，可以从以下几方面入手。

- 可以记录你生活中的趣事。
- 可以学习热门的舞蹈、手势舞等。
- 配表情系列，利用丰富的表情和肢体语言。
- 旅行记录，将你所看到的美景通过视频展现出来。

另外，我们也可以换位思考下，如果我是粉丝，希望看什么内容？即使不换位思考，也可以回顾下，我们在看抖音的时候爱看什么内容？搞笑的肯定是爱看的，如果一个人拍的内容特别有意思，用户绝对会点赞和转发，还有情感的、励志的、"鸡汤"的等，如果内容能够引起用户的共鸣，那用户也会愿意关注。

上面的这些内容属于广泛关注的，还有细分的。例如，某个用户正好需要买车，那么关于鉴别车辆好坏的视频就成为他关注的内容了；某人比较胖，想减肥，那么减肥类的视频他会特别关注。这就是我们关注的内容，同样也是创作者应该把握的原创方向。看自己选择什么领域，就做这个领域人群关注的内容。

4.1.2 视频完整度

在创作短视频时，可以选择15秒或60秒，但不管是选择多久的时长，都要保证视频时长和内容完整度，视频短于7秒是很难被推荐的。保证视频时长才能保证视频的基本可看性，内容演绎得完整才有机会上推荐。如果你的内容卡在一半就结束了，用户看到是会难受的。

4.1.3 没有产品水印

抖音中的热门视频不能带有其他App水印，如果使用不属于抖音的贴纸和特效，这样的视频可以发布，但不会被平台推荐。

4.1.4 高质量的内容

即使是抖音这样追求颜值和拍摄质量的平台，内容也永远是最重要的，因为只有吸引人的内容，才能让人有观看、点赞和评论的欲望。

想要上热门，肯定要有好的作品质量，视频清晰度要高。抖音视频吸引粉丝是个漫长的过程，所以用户要循序渐进地出一些高质量的视频，学会维持和粉丝的亲密度，多学习一些比较火的视频拍摄手法及选材，相信通过个人的努力，你也能拍摄出火爆的抖音视频。

4.1.5 积极参与活动

对于平台推出的活动一定要积极参与，参与那些刚刚推出的活动，只要你的作品质量过得去，都会获得不错的推荐，运气好就能上热门。

抖音App内已经引入了"抖音小助手"，用来引导教学，所以，用户在发布视频时，也可以积极@抖音小助手，来增加被推荐的机会。

4.2 抖音轻松上热门的6大技巧

从2017年下半年到2018年上半年，在不到一年的时间里，抖音完成了自己的进化，从最初以运镜、舞蹈为主的短视频内容，到如今的旅行、美食、正能量、萌宠、搞笑以及创意等多元化的短视频内容。

虽然每天都有成千上万的"豆芽"（指抖音的用户）将自己精心制作的视频上传到抖音平台上，但被标记为精选和上了热门的视频却寥寥无几，到底什么样的视频可以被推荐？本节将介绍拍抖音容易上热门的技巧。

4.2.1 打造人格化的IP

抖音其实还是以人为主，无论是使用真人、动画人物还是语音人物都是要让用户有真实感和参与感，尽量打造人格化的IP。在刷抖音的时候通常会遇到一些游戏或品牌的硬广告，如图4-1所示，大家是不是都是直接划掉从来不看完？

图4-1　品牌硬广告

为什么会这样？这其实跟刷朋友圈不喜欢刷到微商一样，用户在抖音上更喜欢看有趣的内容和人，他们不是来看产品或者品牌的广告的。虽然有一些图文类的账号也可以做到一定数量的粉丝，但是他们的点赞率和评论互动数往往比较低，也就意味着，图文类账号粉丝的黏性相对于真人出镜类账号是比较弱的，如图4-2所示。

图4-2　图文类的账号和真人出镜类账号

4.2.2 挖掘独特的创意

俗话说"台上一分钟,台下十年功","黑脸V"的创意和脚踏实地的坚持从不分家,抖音上真正的"技术流大神"从不缺少粉丝的点赞和喜爱。如图4-3所示这个短视频,一个擦镜子这个简单的举动,却把"自己"擦没了,这种创意和技术受到了很多粉丝的喜欢。例如,"杰克大魔王"发布的短视频都是利用动漫人物与自己的动画设计结合,设计了很多新的故事情节,这种内容花费了大量的心思和时间进行创作,如图4-4所示。

图4-3 "黑脸V"发布的短视频　　　　图4-4 "杰克大魔王"发布的短视频

再例如,"许君聪"制作的这个视频,通过设计情节加上独特的拍摄技术,获得了60多万点赞,如图4-5所示;"WOD世界舞蹈大赛"的这个短视频,在炫酷的舞蹈快结束的时候突然更换了背景,如图4-6所示。

图4-5 用口红作画　　　　图4-6 充满创意的转场

创意类内容包含一些"脑洞"大开的段子、恶搞视频、日常生活中的创意等,出其不意的反转格外吸睛,即使是相似的内容也能找到不同的笑点。

用户产生点赞的行为通常有两个出发点,一种是对视频内容的高度认可和喜欢,另一种是害怕以后再也刷不到这条视频,所以要点赞收藏。搞笑视频则更偏向于前者,分享门槛低,可以说是最容易激起转发欲望的一种视频类型。

4.2.3 发现生活的美好

生活中处处充满美好,缺少的只是发现的眼睛。用心记录生活,生活也会时时回馈给你惊喜。下面我们来看看这些抖音达人是如何通过拍摄平凡的生活片段,来赢得大量粉丝关注的。如图4-7所示这个短视频,用一瓶矿泉水也能玩出爱心。

图4-7　矿泉水也能玩出爱心

4.2.4 拍摄内容正能量

何谓正能量?百度百科的解释:"正能量"指的是一种健康乐观、积极向上的动力和情感,是社会生活中积极向上的行为。2018年3月19日,抖音召开品牌发布会时就同步宣布了"美好生活"计划,将围绕"记录美好生活"这一主题,包括"DOU"计划、"美好挑战"计划、社会责任计划三部分。

"美好计划"作为抖音2018年的核心关键词,为用户在抖音营造了更多的美好幸福感。抖音产品负责人王晓蔚表示,短视频本身有很强的示范作用,所以抖音希望能在日常的运营外,专门拿出一些流量来引导用户参与、传播关于美好生活的正能量挑战。在了解完抖音平台对于正能量的定位之后,我们来具体看看视频案例,进一步了解什么才算得上是正能量短视频。

1. 好人好事

好人好事的范畴很大，帮扶弱势群体，在恶劣环境中坚守岗位的部队官兵和公安干警，在山区几十年如一日的人民教师等，传统意义上的好人好事，在抖音平台都可以展现出来。

在抖音平台上，那些弘扬正气、传播正能量的内容是特别容易火的，因为人人都有当英雄的梦，别人帮我们忙了，我们肯定会拍手叫好。那些惩治小人、打掉恶势力、还弱者公道的视频，看了就非常解气，很容易引起用户点赞和转发。

拍摄包含正能量的视频，比如给环卫工人送水，如图4-8所示；看望孤寡老人，关爱弱势群体，如图4-9所示等。这类正能量视频往往能触及人内心柔弱的部分，引起人共鸣，吸引人关注点赞。但是拍摄一定要真实，不要为了博人眼球而刻意拍摄。

图4-8　给环卫工人送水视频

图4-9　看望孤寡老人视频

2. 文化内容

书法、乐器、武术等内容一直在抖音上有很强的号召力，如果你有一技之长，完全可以通过短视频的方式展现出来。

3. 拼搏进取的奋斗主题

这是一个大类，跟拼搏进取的奋斗主题相关的都可以算进去。抖音在"两会"期间曾发起了《奋斗吧！我的青春》挑战，号召抖音用户通过短视频展现出自己的青春奋斗故事。三天内就有超过10万名用户参与了挑战，不少用户通过晒照片、录视频的方式分享了自己甚至父辈的奋斗历程。

这里要注意的一点是，"正能量"跟"美好生活"概念的差别，本质上，前者属于后者的范畴，但是不是所有"美好生活"的内容都能算上"正能量"？比如一只可爱的小猫，算是"美好生活"的范畴，但是不算"正能量"。如果视频内容是这只小猫在大雪中等待主人归来，如果赋予了精神内核，那么也算得上是"正能量"视频。

4.2.5 拍摄反转的剧情

拍摄抖音视频时，出人意料的结局反转，往往能让人眼前一亮。在拍摄时要打破常规的惯性思维，使用户在看开头时猜不透结局的动向，当看到结果时，便会豁然开朗，忍不住为其点赞。

图4-10所示这个视频是因停车位引发的反转剧情。笔者研究过很多爆款视频，可以看到开头前3秒的内容基本都是经过精心设计的。比如，在抖音上疯狂吸粉的"七舅脑爷"，他的视频在最后5秒之内一定有反转的剧情。

图4-10 反转类剧情视频

4.2.6 紧抓官方热点话题

很多用户都参加过抖音上的挑战赛，"热梗"也玩了不少，视频都是原创，制作还很用心，但为什么就是得不到系统推荐，点赞数也特别少？一条视频想要在抖音上火起来，除"天时、地利、人和"以外，笔者还总结了两条最重要的"秘籍"，一是要有足够吸引人的全新创意，二是内容的丰富性。要做到这两点，最简单的方法就是紧抓官方热点话题，这里不仅有丰富的内容形式，而且还有大量的新创意玩法。

抖音上每天都会有不同的挑战，用户发视频的时候可以添加一个挑战话题，优秀视频会被推荐到首页，会让你的视频曝光率更高，也会引来相同爱好者的更多点赞与关注。用户可以通过"抖音小助手"的精选视频，来分析这些获得高推荐量视频的内容特点，学习他们的优点，从而改善自己的缺陷。

4.3 关于抖音的10大热门内容

不管是做电商营销、自媒体还是做抖商，对于那些爆款产品一定要时刻保持敏锐的嗅觉，及时去研究、分析、总结成功的原因。不要一味地认为那些成功的人都是运气好，而要思考和总结他们是如何成功的，多积累成功的经验，站在"巨人的肩膀"上，你才能看得更高、更远，才更容易超越他们。下面笔者总结了抖音短视频的10大热门内容类型，提供给大家作为参考。

4.3.1 高颜值的帅哥美女

为什么把"高颜值"的帅哥美女摆在第一位？原因很简单，就是以抖音的粉丝排行作为依据，这也是最有力的依据了。根据西瓜指数2019年11月27日的数据显示，抖音粉丝排行第一名是陈赫，第二名是"Dear-迪丽热巴"，他们两人的粉丝数量都超过了5000万，如图4-11所示。

图4-11 "高颜值"的主播非常容易吸粉

不可否认，这两人都是公认的帅哥美女，而且他们获得的点赞数据都上亿，说明粉丝的黏性非常高、非常活跃。

在他们后面，依次是一禅小和尚、会说话的刘二豆、Angelababy、罗志祥、何炅、多余和毛毛姐、李佳琦Austin、高火火、M哥、摩登兄弟、papi酱等，抖音粉丝排行前20名如图4-12所示。在这些人中，"高颜值"的就占据了半壁江山。

图4-12　抖音粉丝排行前20名

由此可见，在抖音平台上，"颜值"就是最好的营销利器。抖音的用户以24岁以下的年轻女性为主，这些小女生喜欢长得好看的"小哥哥和小姐姐"。

抖音上比较火爆的一类视频就是那些长得漂亮的帅哥、美女唱歌跳舞的视频，你会发现视频上那些帅哥、美女，无论拍什么都有一堆人看。当然，不仅仅是美女和帅哥，只要是美的东西，只要是看起来很美的东西，都可以拍摄下来，比如美食、美景，你爱看的肯定其他人也愿意看。

4.3.2 搞笑视频、段子

在抖音等短视频平台上，用户可自行拍摄各类原创幽默搞笑段子，让广大网友从平民百姓变身搞笑达人，同时也可以轻松获得大量粉丝关注。抖音上的搞笑段子内容大部分都来源于生活，与普通老百姓的生活息息相关，让人们很有亲切感，感觉就是自己周围发生的事。另外，这些搞笑段子短视频的内容包涵面非常广，各种酸甜苦辣应有尽有，不容易让观众产生审美疲劳，这也是很多人喜欢搞笑段子的原因。

例如，在抖音粉丝排行前十的"陈翔六点半"就是一个专门生产各种搞笑段子的短视频大IP，主要内容是以"解压、放松、快乐"为主题的小情节短剧，嵌入了许多的喜剧色彩元素，如图4-13所示。

图4-13 "陈翔六点半"抖音号

"陈翔六点半"是一系列的搞笑短剧,由陈翔执导并发布到抖音、腾讯视频、秒拍、美拍、快手、微博、微信等40多个短视频和社交平台,获得了千万粉丝的喜爱。"陈翔六点半"采用电视剧高清实景的方式来进行拍摄,通过夸张幽默的剧情内容和表演形式(时长不超过1分钟),通过一两个情节和笑点来展现普通人生活中的各种"囧事"。

据悉,"陈翔六点半"从上线至今,其播放量达到60亿,单单在秒拍上的粉丝就将近300万,被称为秒拍中的"喜剧之王",成为视频自媒体中的超级IP,而且还横向发展出数十位超高人气的网红人物,并通过平台广告分成、游戏分成和广告植入实现盈利。

4.3.3 才艺高手

才艺可不仅仅是唱歌跳舞,只要是自己会的,而很多人不会的技能,都可以叫作才艺,如美妆、乐器演奏、相声、脱口秀、口技、书法、绘画、驯兽、手工、射击、杂技、魔术以及即兴表演等。秀出自己的独特才艺,秀出与众不同的想法,都是快速上热门推荐的方法。下面笔者分析和总结了一些抖音"大V"们的不同类型的才艺内容,看看他们是如何成功的。

1. 演唱才艺"摩登兄弟"

例如,"摩登兄弟"的主唱"宁哥"不仅拥有帅气的外表,而且唱歌非常好听,还登上过"我是歌手"的舞台,可见实力非凡,他凭借独特的街头直播形式和好听的歌声,吸引了很多粉丝的关注。

"摩登兄弟"从默默无闻到粉丝3000多万,在抖音上爆火后,几乎每天都有全国各地的粉丝慕名来听他唱歌,如图4-14所示。"摩登兄弟"善于表演和能歌善舞的才艺特质,让他们在直播和短视频中找到了广阔的发展空间，同时也带动了背后的城市走到大众面前，成为年轻游客的打卡地。

图4-14　"摩登兄弟"抖音号

2. 高超厨艺"麻辣德子"

"麻辣德子"是2019年的新晋抖音"网红"，凭借"硬核"高超的厨艺，创下了连续两个星期涨粉破300万的纪录，被誉为"全网最有礼貌的厨师"，成为了抖音平台中粉丝增长速度最快的美食领域达人，如图4-15所示。

图4-15　"麻辣德子"抖音号

"麻辣德子"的视频内容以美食教程为主，风格简单粗暴，没有过多的修饰，非常适合家庭学习使用，其成功的主要因素总结有以下几点。

（1）定位精准，面向不会做菜的普通家庭用户。
（2）面对粉丝真诚有礼貌，以德服人，掌握分寸感。
（3）制作美食时非常注意卫生，画面干净赢得赞誉。
（4）在视频开头打造"疼老婆"的人设，引发共鸣。
（5）视频内容的制作门槛低，具有极强的可复制性。

3. 舞蹈达人"吴佳煜"

"吴佳煜"给抖音用户留下深刻记忆的除了她动感的舞蹈外，还有特别的拍摄手法。抖音上能歌善舞的人很多，但是她却从同质内容中脱颖而出。她的视频非常具有节奏感，从地铁站到街道，从卧室到客厅等，都给用户带来了很多视觉刺激，如图4-16所示。

图4-16 "吴佳煜"抖音号

"吴佳煜"在成名前，除了短视频平台外，从未参加过任何综艺节目，2019年参与录制了辽宁春节晚会，并担任主持；同年参加了综艺节目《中歌会》，前途不可限量。要知道"网红"能登上电视，这就是对她本身的一种肯定，对自身的知名度也有一定的影响。

抖音的短视频信息传播方式，可以帮助IP吸引相同价值观的粉丝，实现大范围的精准营销变现。随着泛娱乐时代的到来，IP全产业链价值正在被深度挖掘，那些成名的抖音达人变现机会也会越来越多。

4.3.4 恶搞、模仿

根据企鹅调研平台2018年的"抖音/快手用户研究数据报告"显示，在这两个平台上最受用户欢迎的短视频类型都是"搞笑/恶搞"类，其中抖音平台的比例高达82.3%（多选),快手平台上的比例也达到了69.6%(多选)。在后现代社会,有一条重要精神解构,就是对经典进行模仿、恶搞以及重新解读,这也是"搞"字的内在含义。

同时,抖音和快手等短视频平台上,各种恶搞、模仿经典类的视频也非常活跃。所以,用户要想做出火爆的内容,建议大家也利用"恶搞",将一些经典的内容运用反向思维制造出反差,创造出新意。

1. 开启恶搞模式的"酋长"

"酋长"的粉丝高达660多万,是比较搞怪另类的一个抖音达人,属于偏恶搞系列,让很多网友开启了恶搞模式,从而在抖音上获得一席之地,如图4-17所示。

图4-17 "酋长"抖音号

"酋长"在学生时代就经常拍摄一些有趣的真人表情包发布到网上,嘟嘟嘴是他最大的亮点,他还经常模仿恶搞其他的"网红"达人,吸引众多网友关注和转发。虽然"酋长"其貌不扬,但搞笑功力十足,各种有趣的表情表演得非常到位,他的表情包甚至成为了网友们"斗图的武器"。

2. 亲子恶搞的"老王欧巴"

"老王欧巴"是由一对非常有趣的父子拍摄的短视频作品,内容以父子之间有趣的小段子为主,如图4-18所示。

图4-18 "老王欧巴"抖音号

"老王欧巴"主要凭借一支风靡抖音平台的"爱情恰恰"舞蹈而走红,53岁的老王和21岁的儿子在镜头面前默契地完成了这支15秒的舞蹈短视频。视频中老王"拙劣"的舞技和茫然的眼神,让他看起来和儿子的动作非常不协调,带来了一种"反差萌"的效果,从而引发了观众捧腹大笑。

4.3.5 创意类、特效党

在各种短视频平台上,不乏很多低调不愿意露脸的"大V",他们主要靠创意来取胜。创意的灵感来源有一个非常快捷的方法,那就是通过微信公众号来取材,抖商们可以多关注一些经常出爆款内容的公众号,从中选取适合自己编辑的素材,或者利用发散性思维添加自己的创意。那些可以引爆朋友圈的内容,在抖音上也能很快火爆起来。

同时,抖音官方也会经常举办一些"技术流"的挑战赛,鼓励用户向更高品质走去。用户可以学习达人的拍摄技巧,跟随音乐晃动镜头,或是像变魔术一样进行各种转场,拍摄出达人那样酷炫、自然的视频。

另外,用户也可以给短视频添加一些小道具,这个小道具和"Faceu激萌""B612咔叽"等应用比较相似,都是可以让画面更可爱、更"鬼畜"、更有趣的小玩意儿。总之,多种排列有无限种可能,便于用户创作出很多新潮、不一样的作品。

例如,抖音平台上非常神秘的达人"黑脸V",他拍摄的短视频中,自己的脸部通常是一片漆黑,没有人知道他长什么样子,如图4-19所示。"黑脸V"的视频效果非常酷炫,是抖音平台最早一批的技术流"大神"。在他的视频里,喷雾可以让人隐身,用手一甩就能叠好被子,踹一脚就能把车停好,他的每一条视频都获得了抖音的热门推荐。

图4-19 "黑脸V"抖音号

"黑脸V"的大部分特效都是用AE（adobe after effects）软件做的，不仅需要技术，更需要好的拍摄构思。"黑脸V"还非常善于用魔幻效果来展现产品特点，获得了很多的广告和品牌主的喜爱。

4.3.6 美景、旅游分享

抖音上分享美景和旅游风光的短视频也非常多，能够激起大家说走就走的心灵共鸣，让很多想去而去不了的人产生心理上的满足感。对此，抖音官方也乐于推荐这些短视频，还推出了"拍照打卡地图"功能，同时发布了很多示范打卡地图，引导用户创作相关的作品。

随着抖音的火爆，很多"网红"景点顺势打造爆款IP。例如，赵雷的《成都》这首歌里唱的"玉林路"和"小酒馆"等地点，让不少年轻人慕名前往。这样的例子数不胜数，如"《西安人的歌》+摔碗酒"成就西安旅行大IP，"穿楼而过的轻轨+8D魔幻建筑落差"让重庆瞬间升级为超级"网红"城市，"土耳其冰激凌"让本就红火的厦门鼓浪屿吸引了更多慕名而来的游客。"网红"经济时代的到来，城市地标不再只是琼楼玉宇，它还可以是一面墙、一首歌、一座码头。

"抖音同款"为城市找到了新的宣传突破口，通过一个个15秒的视频，城市中每个具有代表性的吃食、建筑和工艺品都被高度地提炼，配以特定的音乐、滤镜和特效，进行重新演绎，呈现出了超越文字和图片的感染力。

在过去，人们要描绘"云想衣裳花想容"这样的画面，是繁复的解释和描绘，但现在在抖音上发布一个汉服古装的挑战，所有人就能通过这些不超过1分钟的短视频了解其内涵。

此次"抖音地图打卡"功能上线，也为那些喜欢深度自助游的朋友提供了观察一座城市的视角。同时，他们还可以通过这个功能找到和结识有共同爱好的朋友，从这个方面来说，这也是抖音在社交上的一种发力。

1. 重庆：洪崖洞

重庆洪崖洞由于其独特的地理环境和特色的传统建筑群，成为了抖音上的"网红"景点，吸引了众多粉丝前往观光，如图4-20所示。

重庆洪崖洞成为很多喜欢旅行的人必去必晒的景点之一，特别是夜幕来临，繁华的灯光非常迷人。在这个人山人海的景点，用户只需要打开手机随便拍摄一段短视频，就能轻松获得很多点赞。需要注意的是，在拍摄这种外景视频时，要讲究光线好、风景棒，加上好内容，或者拉上朋友们一起拍，这种户外多人视频会更加精彩。

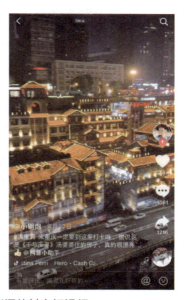

图4-20 重庆洪崖洞的抖音短视频

2. 厦门：鼓浪屿

厦门鼓浪屿也因为"土耳其冰激凌"在抖音上火了很长一段时间，游客不仅可以跟诙谐幽默的网红土耳其帅哥玩耍，还能留下自己在鼓浪屿的美好回忆。很多人去买"土耳其冰激凌"，并不是为了尝试冰激凌的味道，而是想体验卖冰激凌的过程，冰激凌师傅会做出各种花式动作，来逗顾客开心一笑。

卖冰激凌的土耳其帅哥可以说是非常顽皮，各种花式动作，各种"旋转跳跃"，就是不能好好地把冰激凌给你，让人觉得好气又好玩。

4.3.7 爱演的"戏精"

"戏精"类内容是指主播运用自身的表演技巧和出乎意料的剧情安排，将品牌的特性完美展现。"戏精"类视频内容非常适合发起话题挑战，因为这会吸引很多UGC（User Generated Content，指用户原创内容）共同参与创作，如图4-21所示。

图4-21 "戏精"类话题的参与量非常高

因此，在内容创作上，抖商也可以做个演技派，采用歌曲演绎、自创内容演绎和分饰多角等拍摄手法，将音乐变成你的表演秀。"戏精"类内容适合想要塑造或者改变形象的抖商。比如有些品牌，想要更年轻、更鲜活、更有趣、更不一样的形象，就可以使用"戏精"类的内容形式来实现。例如，抖音联合七大博物馆推出的"文物戏精"系列，偏正统、严肃的博物馆以及展品被赋予了鲜活的新形象，甚至成为"潮酷"的代表，重新塑造和宣传了新的品牌意义。

当然，要做好"戏精"，你必须爱演，要能够放得开，在表演时也可以直接调用有意思的电视剧配音。如果不想真人演出，也可以模拟微信聊天、朋友圈的情景对话，或者添加一些小道具来遮住脸部，以及添加一些可爱的表情包，都能给你的短视频加分。例如，"#戏精哪吒在此"话题浏览量超过了9亿次，通过可爱的道具吸引大量用户转发参与，如图4-22所示。

图4-22　"#戏精哪吒在此"话题示例

4.3.8　萌娃、萌宠

美女、野兽以及婴儿都是能最大限度地吸引人的眼球并唤起大家情绪反应的。不过，这里的"野兽"不是指凶猛的野兽，而是指可爱、乖巧的小动物。在抖音上面，可爱的"萝莉"、小猫、小狗等也是特别火爆的一大类型。

这一大类火爆的原因，是因为它们有一个共同点：萌。最开始，"萌"这个词是专门用来形容动漫里面既可爱、美丽又单纯的萝莉，但是后来很多人开始玩"cosplay（角色扮演）"，装扮成二次元里面的角色，于是"萌"不再仅用来形容动漫人物，而是走出虚拟，被用来形容真人和小动物以及一些可爱的物品等。

1．萌妹子

"萌"系角色的性格特征，核心是一个"娇"字，关键词包括娇气、撒娇、傲娇、娇蛮、温柔、害羞、"治愈"和"天然呆"等。也就是说，它唤起的是人们一种怜爱和保护之情，一种强者对弱者的感情。

抖音上的各种萝莉都非常火，如她们不仅有着非常性感迷人的身材，而且风格很二次元，经常穿着"lo服（指洛丽塔服装）"，甜美的造型加上萌妹的身材，很受宅男网友的欢迎。

例如，"蔡萝莉"凭借着好身材、好颜值以及COS（costume 的简略写法，指角色扮演）各种类型人物，在抖音上受到了极大关注，如图4-23所示。

图4-23 "蔡萝莉"抖音号

2. 萌娃、萌装扮

除了"小萝莉"外,还有"萌娃"自带闪亮光环,不管是年轻人还是老人,都会被可爱的小宝宝吸引目光。另外,还有一些可爱的人偶、布娃娃和装饰物等装扮也可以作为"萌"系的内容,会更容易吸引大家的关注。如"传单熊"和"熊本熊"就在抖音上火了一把,同时引发了大批用户模仿拍摄,如图4-24所示。

图4-24 "传单熊"和"熊本熊"

3. 萌宠

比较可爱的萌宠有小猫、小狗等，因为宠物本身就可爱至极，很多人都愿意养宠物，小萌宠看起来就能让人生起怜爱。如果你也有可爱的小狗或小猫等宠物，不妨拍摄它们生活中可爱好玩的视频。在拍摄时要挖掘宠物搞笑的点，找到可以让人耳目一新的场景。相信萌宠们憨厚可掬的样子，肯定会让网友喜欢并忍不住点赞分享。

图4-25 "会说话的刘二豆"抖音号

自从抖音转型"记录美好生活"后，便与宠物猫有了"难解难分"的缘分，并诞生了一大批萌萌的可爱"网红猫"，如"会说话的刘二豆""开挂的猫二歪""吾皇万睡""东门魏官人""安生的爸爸"等，这些"网红猫"的粉丝都在百万以上。例如，"会说话的刘二豆"粉丝数达到了4600多万，内容以猫咪的视角记录它生活中遇到的趣事，视频中经常出现抖音上的"热梗"，配以"戏精"主人的表演，给人以轻松愉悦之感，如图4-25所示。

想要成为一名出色的猫咪萌宠类播主，用户可以学习如下策划技巧，如图4-26所示。

将猫咪拟人化	拟人化的猫咪，在内容创作上有很大的联想空间，猫咪本身的萌属性也会为各种剧情设计增色。同时，给拟人化的猫咪撰写搞笑生动的对白会增加视频的趣味性
让猫咪拥有"一技之长"	比如"东门魏官人"家的猫咪，最初就是在主人的引领下跳"海草舞"，成为抖音上实至名归的"喵界舞王"，让猫咪跳舞成为IP特色
猫咪特色不够，主人来凑	如果你有高颜值或者迷人的好声音，同样可以在猫咪萌系属性的加持下获得人气，"安生的爸爸""粽子他爹哦~""拎壶冲"都是很好的例子
给猫咪加戏	这类型比较有代表性的播主就是"蛋不安静"了，拥有前后反差的萌猫咪戏剧性十足，能够形成期待感，吸引大家关注

图4-26 猫咪萌宠类播主的内容策划技巧

4.3.9 正能量

在网络上常常可以看到"正能量"这个词,它是指一种积极的、健康的、催人奋进的、感化人性的、给人力量的、充满希望的动力和情感,是社会生活中积极向上的一系列行为。

如今,短视频受到越来越严格的政府监管,同时各大短视频平台也在积极引导用户拍摄具有"正能量"的内容。只有那些主题更正能量、品质更高的短视频内容,才能真正为用户带来价值,下面介绍一些相关的案例。

1. 正能量语录

例如,"一禅小和尚"抖音号通过网络动画的形式记录了小和尚和师父的日常生活,在或搞笑或温馨的生活中领悟人生的真谛。小和尚喜欢问师傅问题,而师傅每次都会讲出一些道理,这其中就有很多正能量的励志语录,不仅可以帮助小和尚成长,同时还会引发观众的共鸣。

"一禅小和尚"抖音号的粉丝达到了4700多万,超过了很多明星偶像,深受全年龄段各类粉丝的喜爱,有很多知名人士为其点赞,这些都离不开它充满哲思、弘扬中国传统文化和弘扬正能量的内容,如图4-27所示。"一禅小和尚"的评论区里满是点赞和好评,其中收看次数最高的一条短视频,播放量达到惊人的800多万次。

"一禅小和尚"在各个平台上都有一大批忠实粉丝,这让变现来得更加容易。从图4-28中可以看到,在"一禅小和尚"抖音号的商品橱窗中,这些商品的浏览量和转化率都非常高。

图4-27 "一禅小和尚"抖音号

图4-28 "一禅小和尚"抖音号的商品橱窗

2. 正能量角色

环卫工人、公交车司机、外卖骑手和快递员等,这些职业都属于正能量角色,给他们送温暖等素材也是传播量很大的,很受人欢迎,如图4-29所示。

图4-29 正能量角色的短视频内容

3. 正能量事件

抖商也可以用短视频分享一些身边的正能量事件，如乐于助人、救死扶伤、颁奖典礼、英雄事迹、为国争光的体育健儿、城市改造、母爱亲情、爱护环境、教师风采以及文明礼让等，引导和带动粉丝弘扬传播正能量，如图4-30所示。

图4-30　正能量事件的短视频内容

4.3.10 炫技能

在打造抖音内容时，笔者建议大家专注于一件事，并且把这件事做到极致，因为只有把事情做到极致，才更容易带来口碑。口碑在互联网时代是可以快速扩散的，进而会形成广泛的影响力。如果拥有了某一项技能，在抖音上、电视综艺节目上就更容易得到好的曝光度以及粉丝。当然，很多技能绝活都是用户在工作和生活中经过长期训练才能做到的，普通用户切不可轻易去模仿。

下面总结了一些爆红抖音的技能，仅供大家参考。

（1）抓娃娃"神器"、剪刀娃娃机等娱乐技能。

（2）快速点钞、创意地堆造型补货等超市技能。

（3）剥香肠、懒人嗑瓜子、剥橙子等"吃货"技能。

（4）叠衣服、清洗洗衣机、清理下水道等生活技能。

有一句俗话"一招鲜，吃遍天"，欧阳修的《卖油翁》也说了"无他，惟手熟尔"，因此只要你能把一件事做到极致，就会被他人关注到并扩散出去。炫技能的短视频内容，无论是在抖音还是在西瓜视频，或者在其他的视频平台都有很好的播放量。

引流推广篇

第5章

抖音引流：
不能错过的优质新流量池

要点展示
- 掌握抖音引流的4个基本技巧
- 9个爆发式引流的方法
- 头条系的社交引流新工具——多闪

学前提示

对于抖音电商运营者来说，要获取可观的收益，关键就在于获得足够的流量。那么，抖音电商运营者要如何实现快速引流，聚集百万流量呢？这一章笔者将从抖音引流的基本技巧、抖音平台内的引流方式和跨平台实现用户的聚合，帮助大家快速聚集大量用户，实现品牌和产品的高效传播。

第 5 章 抖音引流：不能错过的优质新流量池

5.1 掌握抖音引流的4个基本技巧

抖音引流有一些基本的技巧，掌握这些技巧之后，电商运营者的引流推广效果将变得事半功倍。这一节，笔者就对几种抖音基本引流技巧进行解读。

5.1.1 积极添加话题增强视频热度

话题就相当于是视频的一个标签。部分抖音用户在查看一个视频时会将关注的重点放在查看视频添加的话题上，还有部分抖音用户在查看视频时会直接搜索关键词或话题。

因此，如果抖音电商运营者能够在视频的文字内容中添加一些话题，便能起到不错的引流作用。在笔者看来，抖音电商运营者在视频中添加话题时可以重点把握如下两个技巧。

（1）尽可能多地加入一些与视频中商品相关的话题，如果在话题中指出商品的特定使用人群，能增强营销的针对性。

（2）尽可能以推荐的口吻编写话题，让抖音用户觉得你不只是在推销商品，而是在向他们推荐实用的好物。

图5-1所示的两个案例便很好地运用了上述两个技巧，不仅加入的与视频中商品相关的话题多，而且话题和文字内容中营销的痕迹比较轻。

图5-1 积极添加话题增强视频热度

5.1.2 定期发送用户感兴趣的内容

抖音用户为什么要关注你,成为你的粉丝?笔者认为除了账号中相关人员的个人魅力之外,另外一个很重要的原因就是抖音用户可以从你的账号中获得他们感兴趣的内容。当然,部分粉丝关注你的账号之后,可能会时不时地查看账号内的内容,如果你的账号很久都不更新内容,部分粉丝可能会因为看不到新的内容、账号内的内容对他的价值越来越低而选择取消关注。

因此,对于抖音电商运营者来说定期发送用户感兴趣的内容非常关键,这不仅可以增强粉丝的黏性,还能吸引更多抖音用户成为你的粉丝。

5.1.3 根据账号定位发布原创视频

其实,视频的原创性不仅是上热门的一个基本要求,而且能起到不错的引流作用。这一点很好理解,毕竟大多数抖音用户刷抖音就是希望能看到新奇有趣的内容,如果你的视频都是照搬他人的,用户在此之前都已经看过几遍了,那么,他可能只看了零点几秒就划过去了。在这种情况下,短视频获得的流量又怎么可能会很高呢?

当然,除了内容的原创性之外,发布的短视频还应该满足一个要求,那就是与账号的定位一致。这一点抖音号"手机摄影构图大全"就做得很好,在该抖音号中发布的都是原创的摄影作品。图5-2所示为抖音号"手机摄影构图大全"的部分短视频内容。

图5-2 抖音号"手机摄影构图大全"的部分短视频内容

5.1.4 抛出诱饵吸引目标受众目光

人都是趋利的,当看到对自己有益处的东西时,往往都会表现出极大的兴趣。抖音电商运营者可以借助这一点,通过抛出一定的诱饵来达到吸引目标受众的目的。图5-3所示的两个案例便是通过优惠的价格向目标受众抛出诱饵的方式,来达到引流推广的目的。

图5-3 抛出诱饵吸引目标受众目光

5.2 9个爆发式引流的方法

抖音聚集了大量的短视频信息,同时也聚集了很多流量。对于抖商来说,如何通过抖音引流让它为己所用才是关键。本节将介绍一些非常简单的抖音引流方法,手把手教你通过抖音获取大量粉丝。

5.2.1 硬广告引流法

硬广告引流法是指在短视频中直接进行产品或品牌展示。建议用户可以购买一个摄像棚,将平时朋友圈发的反馈图全部整理出来,然后制作成照片电影来发布视频,如减肥的前后效果对比图、美白的前后效果对比图等。

华为荣耀手机的抖音官方账号就联合众多明星达人，如白敬亭、李现及贾玲等打造各种原创类高清短视频，同时结合手机自身的优势功能来推广产品，吸引粉丝关注，如图5-4所示。

图5-4 华为荣耀手机的短视频广告引流

5.2.2 抖音评论区引流

抖音短视频的评论区基本上都是抖音的精准受众，而且都是活跃用户。运营者可以先编辑好一些引流话术，话术中带有微信等联系方式，在自己发布的视频评论区回复其他人的评论，评论的内容直接复制粘贴引流话术。

1. 评论热门作品引流法

精准粉丝引流法主要通过关注同行业或同领域的相关账号，评论他们的热门作品并在评论中打广告，给自己的账号或者产品引流。例如，卖女性产品的运营者可以多关注一些护肤、美容等相关账号，因为关注这些账号的粉丝大多是女性群体。评论热门作品引流主要有以下两种方法。

（1）**直接评论热门作品**：特点是流量大、竞争大。

（2）**评论同行的作品**：特点是流量小但是粉丝精准。

例如，做减肥产品的运营者，可以在抖音搜索减肥类的关键词，即可找到很多同行的热门作品。运营者可以将这两种方法结合在一起做，同时注意评论的频率。另外，评论的内容不可以千篇一律，不能带有敏感词。评论热门作品引流法有以下两个小诀窍。

（1）用小号到当前热门作品中去评论，评论内容可以写：**想看更多精彩视频请点击→→@你的大号**。另外，小号的头像和个人简介等资料，都是用户能第一眼看到的东西，因此要尽量给人很专业的感觉。

（2）直接用大号去热门作品中回复：**想看更多好玩视频请点我**。注意，大号不要频繁进行这种操作，建议1小时内去评论2~3次即可，太频繁的评论可能会被系统禁言。这么做的目的是直接引流，把别人热门作品里的用户流量引入到你的作品里。

2. 抖音评论区软件引流

网络上有很多专业的抖音评论区引流软件，可以多个平台24小时同时工作，源源不断地帮用户进行引流。运营者只要把编辑好的引流话术填写到软件中，然后打开开关，软件就自动不停地在抖音等平台的评论区评论，为用户带来大量流量。

需要注意的是，仅仅通过软件自动评论引流的方式还不是很完美，运营者还需要上传一些真实的视频，对抖音运营多用点心，这样吸引来的粉丝黏性会更高，流量也更加精准。

除此之外，抖音支持"发信息"功能，一些粉丝可能会通过该功能给运营者发信息，运营者可以时不时看一下，并利用私信回复来进行引流。

5.2.3 抖音矩阵引流

抖音矩阵是指通过同时做不同的账号运营，来打造一个稳定的粉丝流量池。道理很简单，做一个抖音号也是做，做10个抖音号也是做，同时做可以为你带来更多的收获。

打造抖音矩阵基本都需要团队的支持，至少要配2名主播、1名拍摄人员、1名后期剪辑人员以及1名推广营销人员，从而保证多账号矩阵的顺利运营。

抖音矩阵的好处很多，首先可以全方位地展现品牌特点，扩大影响力，而且还可以形成链式传播来进行内部引流，大幅度提升粉丝数量。

抖音矩阵可以最大限度地降低单账号运营风险，这和投资理财强调的"不把鸡蛋放在同一个篮子里"的道理是一样的。多账号一起运营，无论是做活动还是引流吸粉都可以达到很好的效果。但是，在打造抖音矩阵时，还有很多注意事项，如下面几点。

（1）**注意账号的行为，遵守抖音规则。**

（2）**一个账号一个定位，每个账号都有相应的目标人群。**

（3）**内容不要跨界，小而美的内容是主流形式。**

这里再次强调抖音矩阵的账号定位，这一点非常重要，每个账号角色的定位不能过高或者过低，更不能错位，既要保证主账号的发展，也要让子账号能够得到很好的成长。

例如，华为公司的抖音主账号为"华为"，粉丝数量达到了400万，其定位主要是品牌宣传，子账号包括"华为终端""华为5G""华为手机技巧""华为云"等，分管不同领域的短视频内容推广引流，如图5-5所示。

图5-5 华为公司的抖音矩阵

5.2.4 利用抖音热搜引流

对于短视频的创作者来说，蹭热词已经成为了一项重要的技能。用户可以利用抖音热搜寻找当下的热词，并让自己的短视频高度匹配这些热词，以得到更多的曝光。

下面笔者总结出了4个利用抖音热搜引流的方法。

（1）视频标题文案紧扣热词。

（2）视频话题与热词吻合。

（3）视频选用BGM与热词关联度高。

（4）账号命名踩中热词。

5.2.5 抖音原创视频引流

有短视频制作能力的用户，原创引流是最好的选择。用户可以把制作好的原创短视频发布到抖音平台，同时在账号资料部分进行引流，如昵称、个人简介等地方，都可以留下微信等联系方式。

抖音上的年轻用户偏爱热门和创意有趣的内容，同时在抖音官方介绍中，抖音鼓励的视频是：场景、画面清晰；记录自己的日常生活，内容健康向上；多人类、剧情类、才艺类、心得分享、搞笑等多样化内容，不拘于一个风格。用户制作原创短视频内容时，可以记住这些原则，能让作品获得更多推荐。

5.2.6 跨平台引流

目前来说，除了那些拥有几百上千万粉丝的抖音达人账号外，其他只有百十来万粉丝的大号跨平台能力都很弱。这一点从微博的转化就能看出来，普遍都是100∶1，也就是说抖音涨100万粉，微博只能涨1万粉丝，跨平台的转化率非常低。

微博是中心化平台，如今已经很难获得优质粉丝；而抖音则是去中心化平台，虽然可以快速获得粉丝，但粉丝的实际黏性非常低，转化率还不如直播平台高。其实，直播平台也是去中心化的流量平台，而且可以人为控制流量，同时粉丝黏性比较高，因此转化到微博的粉丝比例也要更高一些。

抖音粉丝超过50万即可参与"微博故事红人招募计划"，享受更多专属的涨粉和曝光资源。除了微博引流外，抖音的内容分享机制也进行了重大调整，拥有了更好的跨平台引流能力。

此前，用户将抖音短视频分享到微信和QQ后，被分享者只能收到被分享的短视频链接。但现在，用户将作品分享到朋友圈、微信好友、QQ空间和QQ好友，抖音就会自动将该视频保存到本地。保存成功后，抖音界面上会出现一个"继续分享"的分享提示。只要用户点击相应按钮就会自动跳转到微信上，这时只要选择好友即可实现单条视频分享，点开即可观看，不用再手动复制链接到浏览器上观看了。抖音分享机制的改变，无疑是对微信分享限制的一种突破，此举对抖音的跨平台引流和自身发展都起到了一些推动作用，如图5-6所示。

改善了用户体验	自从抖音直接分享到微信上的视频变成链接无法直接观看后，复杂的操作过程令很多网友表现出了不适应。分享机制改变后，更方便用户与朋友之间的分享
再次占据用户时间	用户的时间是有限的，通过直接观看朋友分享过来的小视频，也能达到看抖音的效果，抢夺了用户参与其他活动的时间
对广告业务形成趋势性影响	抖音上有广告标识的视频，也可以通过新分享机制以小视频的方式分享给其他用户，帮助品牌扩大影响力
加深抖音影响力	目前的微信朋友圈和微信群已被乏味的电商小程序所霸占，有趣的抖音视频在这时与之形成鲜明的对比，吸引更多用户开始使用抖音

图5-6 抖音改变分享机制的作用

抖音账号流量不高的原因有两方面，一是**内容不行**，二是**受众太窄**。例如，一个新注册的抖音账号，内容定位为"家装"，这就相当于把那些没买房和没在装修的人群全部过滤掉了，这样账号的受众就非常窄，流量自然不会高。抖音平台给新号的流量不多，用户一定要合理利用，内容覆盖的受众越多越好。

还有一点，"颜值"很重要，可以换一个帅一点的男演员或更漂亮一点的女演员来提升视频的吸引力，从而增加播放量。抖音的首要原则就是"帅和漂亮"，其他因素都可以往后排，除非你的才华特别出众，可以不用"颜值"来吸引用户。

5.2.7 线上引流

跨平台引流最重要的就是各种社交平台了，除了微博外，微信、QQ和各种音乐平台都拥有大量的用户群体，是抖音引流不能错过的平台。

1．微信引流

根据腾讯2018年一季报数据，微信及WeChat的合并月活跃账户达到10.4亿，已实现对国内移动互联网用户的大面积覆盖，成为国内最大的移动流量平台之一。下面介绍使用微信为抖音引流的具体方法。

（1）**朋友圈引流**。运营者可以在朋友圈中发布抖音上的短视频作品，同时视频中会显示相应的抖音账号，吸引朋友圈好友关注。注意，朋友圈只能发布10秒内的视频，而抖音的短视频通常都在15秒以上，所以发布时我们还需要对其进行剪辑，尽可能选择内容中的关键部分。

（2）**微信群引流**。通过微信群发布自己的抖音作品，其他群用户点击视频后可以直接查看内容，增加内容的曝光率。注意发布的时间应尽量与抖音同步，也就是说发完抖音的短视频后马上分享到微信群，但不能太频繁。

（3）**公众号引流**。公众号也可以定期发布抖音短视频，将公众号中的粉丝引流到抖音平台上，从而提高抖音号的曝光率。

2．QQ引流

作为最早的网络通信平台，QQ拥有强大的资源优势和底蕴，以及庞大的用户群，是抖音运营者必须巩固的引流阵地。

（1）**QQ签名引流**。用户可以自由编辑或修改"签名"的内容，在其中引导QQ好友关注抖音号。

（2）**QQ头像和昵称引流**。QQ头像和昵称是QQ号的首要流量入口，用户可以将其设置为抖音的头像和昵称，增加抖音号的曝光率。

（3）QQ**空间引流**。QQ空间是抖音运营者可以充分利用起来进行引流的一个好地方，用户可以在此发布抖音短视频作品。注意要将QQ空间权限设置为所有人都可访问，如果不想有垃圾评论，也可以开启评论审核。

（4）QQ**群引流**。用户可以多创建和加入一些与抖音号定位相关的QQ群，多与群友进行交流互动，让他们对你产生信任感，此时再发布抖音作品来引流就自然会水到渠成。

（5）QQ**兴趣部落引流**。QQ兴趣部落是一个基于兴趣的公开主题社区，这一点和抖音的用户标签非常类似，能够帮助用户获得更加精准的流量。

用户也可以关注QQ兴趣部落中的同行业达人，多评论他们的热门帖子，可以在其中添加自己的抖音号等相关信息，以收集更加精准的受众。

3. 音乐平台引流

抖音短视频与音乐是分不开的，因此用户还可以借助各种音乐平台来给自己的抖音号引流，常用的有网易云音乐、虾米音乐和酷狗音乐。

以网易云音乐为例，这是一款专注于发现与分享的音乐产品，依托专业音乐人、DJ（disc jockey，打碟工作者）、好友推荐及社交功能，为用户打造全新的音乐生活。网易云音乐的目标受众是一群有一定音乐素养、较高教育水平、较高收入水平的年轻人，这和抖音的目标受众重合度非常高，因此成为了抖音引流的最佳音乐平台之一。

用户可以利用网易云音乐的音乐社区和评论功能，对自己的抖音进行宣传和推广。除此之外，用户还可以利用音乐平台的主页动态进行引流。例如，网易云音乐推出了一个类似微信朋友圈的功能，用户可以发布歌曲动态、上传照片和发布140字的文字内容，同时还可以发布抖音短视频，可以非常直接地推广自己的抖音号。

5.2.8 线下引流

抖音的引流是多方向的，既可以从抖音直接引流或者跨平台引流到抖音号本身，也可以将抖音流量引导至其他的线上平台。尤其是本地化的抖音号，还可以通过抖音给自己的线下实体店铺引流。

例如，"答案茶"、"土耳其冰激凌"、CoCo奶茶、宜家冰激凌等线下店通过抖音吸引了大量粉丝前往消费。特别是"答案茶"，仅凭抖音短短几个月就招收了几百家代理加盟店。

用抖音给线下店铺引流最好的方式就是开通企业号，利用"认领POI地址"功能，在POI地址页展示店铺的基本信息，来实现线上到线下的流量转化。当然，要想成功引流，用户还必须持续输出优质的内容、保证稳定的更新频率以及与用户多互动，并打造好自身的产品，做到这些才可以为店铺带来长期的流量保证。

5.2.9 搬运视频引流

抖商可以将微视、西瓜视频、快手、火山小视频以及秒拍等短视频平台的内容搬运到抖音平台上,具体方法如下。

(1)打开去水印视频解析网站,然后打开要搬运的视频,并把要搬运视频的地址放到解析网站的方框内,然后点击"解析视频"按钮,解析完成后即可下载,从而得到没有水印的视频文件。图5-7所示为抖音短视频解析下载网站。

(2)用格式工厂或inshot视频图片编辑软件,对视频进行剪辑和修改,改变视频的MD5值,即可得到"伪原创"的视频文件。

(3)把这个搬运来的视频上传到抖音,同时在抖音账号的资料部分进行引流,以便粉丝添加。

图5-7 抖音短视频解析下载网站

5.3 头条系的社交引流新工具——多闪

2019年年初,今日头条发布了一款名为"多闪"的短视频社交产品。"多闪"拍摄的小视频可以同步到抖音,非常像微信开放的朋友圈视频玩法。

"多闪"App的注册方式非常简单,抖商们可以先下载"多闪"App,然后用头条旗下的抖音号授权、填写手机号、收验证码、授权匹配通讯录等即可进入。"多闪"App诞生于抖音的私信模块,可以将抖音上形成的社交关系直接引流转移到"多闪"平台,通过自家平台维护这些社交关系,降低用户结成关系的门槛。

5.3.1 多闪主动加人引流

下面介绍通过"多闪"App主动加人引流的操作方法。

(1)打开"多闪"App,在主界面有一个"邀请好友来多闪"模块,会推荐一些好友,点击"加好友"按钮,如图5-8所示。

(2)执行操作后,弹出"申请加好友"提示框,输入相应的申请信息;点击"发送"按钮,如图5-9所示。

图5-8 点击"加好友"按钮

图5-9 申请加好友

需要注意的是,通过"多闪"App主动加人,每天是有人数限制的,当日最高添加500人,被动加人没有人数限制。"多闪"App的好友上限目前还不清楚,如果同步抖音平台上的私信好友的话,暂且认为"多闪"App的好友上限可以过万。

(3)执行操作后,进入"消息"界面,可以看到申请添加的好友右侧显示"待通过"提示。在"消息"界面还可以邀请微信和QQ好友,点击"邀请好友"按钮,如图5-10所示。

(4)执行操作后,弹出"邀请好友来多闪"提示框,显示账号ID,如选择"打开QQ发送"选项,如图5-11所示。

图5-10 点击"邀请好友"按钮

图5-11 选择"打开QQ发送"选项

（5）执行操作后，弹出"口令已复制"对话框，点击"打开QQ粘贴给好友"按钮。接着自动跳转到QQ聊天窗口，选择相应的联系人，即可通过粘贴内容的方式将信息发送出去。

（6）另外，在"消息"界面点击右上角的"＋"号按钮，在弹出的菜单中选择"添加好友"选项，如图5-12所示。

（7）执行操作后，进入"添加好友"界面，包括多种添加好友方式，建议用户将"多闪"App内的添加好友功能、可能认识的人以及推荐的关系维度，包括通讯录好友、好友的好友等，第一时间将能添加的好友全部点一遍，如图5-13所示。

图5-12　选择"添加好友"选项　　　　图5-13　"添加好友"界面

利用"多闪"App的聊天功能和抖音粉丝私信，跟之前利用抖音自带私信功能相比，"多闪"App可以发送较多数量的微信号。但是用"多闪"App发送过多的微信号时，依然会出现过度营销提示。

5.3.2 多闪互动工具引流

"多闪"App将抖音中的装饰道具和滤镜特效等大部分功能都移植过来了，拥有丰富的表现方式和场景。抖商在和好友互动时，直接用"多闪"App拍摄各种抖音风格的短视频，可以快速吸引更多的年轻用户关注。

"多闪"App的短视频内容不是以人实现聚合，而是以好友关系实现聚合，避免了刷屏烦恼。跟朋友圈的信息刷屏互动模式相比，"多闪"App的随拍功能显得更为清爽，好友发再多的内容也只会在聊天界面上方提示一次，点击好友的头像即可看到他在72小时内发布的所有动态内容，并按照更新时间来进行排序，拥有更好的浏览体验。短视频发布72小时后，这些内容就只有作者自己能够看见了，进一步降低了社交压力。

在"多闪"App中，没有公开评论的社交场景，都是基于私信的私密社交场景。陌生人之间不需要加好友就能够相互聊天，但只能发送3条信息。在聊天过程中输入文字时，系统会自动联想海量的表情包来丰富对话内容，不仅降低了表情包的使用和筛选难度，而且还有助于用户表达更多情感和态度。

"多闪"App的定位是社交应用，不过是以短视频为交友形态，微信的大部分变现产业链同样适用于"多闪"。未来，抖音平台对于导流微信的管控肯定会越来越严格，所以，如果抖商在抖音有大量的粉丝，就必须想办法添加他们的"多闪"号。另外，"多闪"App还能给抖商带来更多的变现机会。

（1）**抽奖活动**。在"多闪"App推出时，还上线了"聊天扭蛋机"模块，用户只需要每天通过"多闪"App与好友聊天，即可参与抽奖，而且红包额度非常大。

（2）**支付功能**。抖音基于抖商开发的电商卖货功能，同时还与阿里巴巴、京东等电商平台合作，如今还在"多闪"App中推出"我的钱包"功能，可以绑定银行卡、提现、查看交易记录和管理钱包等，便于抖商变现。

（3）**"多闪"号交易变现**。抖商可以通过"多闪"号吸引大量精准粉丝，有需求的企业可以通过购买这些流量大号来推广自己的产品或服务。

（4）**"多闪"随拍短视频广告**。对于拥有大量精准粉丝流量的"多闪"号，完全可以像抖音和头条那样，通过短视频贴牌广告或短视频内容软广告来实现变现。

5.3.3 同城附近位置引流

在"多闪"App的"世界"版块中，这些短视频内容的展示顺序依次为：可能认识的人、附近的人、人气随拍。这样排序的目的是为了强化用户的关系链，增加用户使用"多闪"的黏性。

抖商在利用"多闪"引流时，需要重视"世界"版块，"世界"就成为用户重构社交关系的流量池，可以深挖同城引流和基于附近的位置引流红利。在"世界"版块会优先展示附近的人发布的短视频信息，同时也会在使用"多闪"App的过程中收到诸多陌生人的添加好友请求，尤其是那些美女同城视频或新店开业类视频，都可以借助"世界"版块来实现广泛被动的引流，而且暂时没有好友上限。

多闪产品负责人徐璐冉表示："我们希望多闪是一个无压且有温度的熟人社交产品，帮助用户缓解日益沉重的社交压力，找回日渐疏远的亲密关系。"如果说抖音主要是针对微信朋友圈的内容生态，那么"多闪"则类似于微信的社交生态，私聊、群聊、随拍、转账、红包等功能一应俱全，打通了从社交行为到商业转化的全周期，这也是帮助抖音用户快速成长为抖商的动力所在。

在抖音上吸粉比较容易，但这些粉丝的黏性很低，他们通常只会关注你的内容，而不会与你有过多的交集。而"多闪"的出现，就是用来打通抖音这种社交维度上的不平等关系，通过短视频社交来提升抖音的粉丝黏性。同时，对于抖商经营者来说，还可以在"多闪"中融入各种产品和销售场景，再加上钱包支付和视频红包功能，就能够形成一个良好的商业生态。

第6章

微信引流：
把精准粉丝导流微信成交

要点展示
- 抖音导流微信，最大化挖掘粉丝价值
- 平台互推导流，7种微信导流的方法

学前提示

当抖商通过注册抖音号、拍摄短视频内容在抖音等短视频平台上获得大量粉丝后，接下来就可以把这些粉丝导入微信，通过微信来引流，将抖音流量沉淀到自己的店铺，获取源源不断的精准流量，降低流量获取成本，实现粉丝效益的最大化。

6.1 抖音导流微信，最大化挖掘粉丝价值

抖商希望自己能够长期获得精准的流量，则必须不断积累，将短视频吸引的粉丝导流到微信平台上，把这些精准的用户圈养在自己的流量池中，并通过不断的导流和转化，让流量池中的水"活"起来，更好地实现变现。

6.1.1 利用微信沉淀流量，获取精准用户

根据2019年1月9日微信官方发布的《2018微信数据报告》显示，截至2018年9月，微信月活跃用户达到10.82亿，每天发送消息450亿次，同比增长18%。这些数据表明，微信不仅有为数众多的用户使用率，而且其消息触达率也非常高。对于如此庞大的流量平台，抖商一定要利用好微信，用微信来沉淀流量和维护粉丝。

抖商们可以在个人简介或者视频内容中露出微信，并且通过一定的利益来吸引粉丝添加你的微信，如红包、抽奖、优惠券、赠品或者新品抢购等。

例如，"玩转手机摄影"自媒体在今日头条通过图文、短视频等内容吸引了22万粉丝关注，并在简介中提供了自己的微信公众号和个人微信号，同时在微信公众号上开通了微店售卖产品来变现，如图6-1所示。"玩转手机摄影"还通过微信积极与粉丝互动，如评图交流、每日打卡以及摄影教程赠送等福利，增强粉丝的黏性。

图6-1 "玩转手机摄影"自媒体引流实例

抖商通过各种福利不仅可以引导用户分享，形成裂变传播，还能在微信平台上深度沉淀用户，对他们进行二次甚至多次营销，将收获的流量反哺到自己的店铺中，这些精准流量带来的转化率是非常可观的。图6-2所示为"玩转手机摄影"的微店，主要销售一些手机摄影周边设备和相关书籍，销量都非常高。

图6-2 "玩转手机摄影"的微店

因此，打造一个"短视频（引流）→微信（导流）→店铺（变现）"的商业闭环，对于抖商来说是刻不容缓的，可以将单个流量的价值成倍放大，获得长久的精准用户。抖商常用的微信吸粉方法主要有以下几种，如图6-3所示。

摇一摇吸粉	"摇一摇"是一个有趣的交友功能，"抖商"可以通过微信"摇一摇"的方式来利用这部分人的好奇心与交友欲，将产品宣传出去
LBS吸粉	位置签名和"附近的人"等LBS（基于位置的服务）功能具有精准的定位作用，给抖商在微信中投放促销优惠信息时带来了很大的方便，起到了很不错的引流作用
快递吸粉	"抖商"可以定制一些"粉丝卡"，放在给买家发送的快递包裹中，写上"加微信"领红包或者参与免单抽奖，吸引粉丝添加你的微信
内容吸粉	在微信上分享一些粉丝喜欢的内容，如女装店铺可以分享一些新品搭配技巧或者"网红店主"的日常生活，用微信来沉淀店铺的客户
主动吸粉	通过数据分析筛选出复购频率高、客单价高的优质客户，主动添加他们的微信号（用手机号搜索），但注意要设置好加好友上限，一个微信账号每天不要超过30个。抖商可以同时多运营几个微信来添加

图6-3 微信吸粉方法

粉丝是实现营销目标的重要支撑，他们是精准营销的重要目标客户群体。目前来看，在微信的营销生态圈层中，粉丝是不可或缺的组成元素，具有巨大的营销价值。基于粉丝的作用，一些抖商盲目地重视粉丝的数量，而忽视粉丝的质量，走入了营销的认识误区。数量是与质量相对的，当偏向于某一方时，就失去了平衡，更何况在微信营销中，粉丝的数量是受限制的，这会严重阻碍你的发展。

6.1.2 深度沉淀流量，维护抖音的粉丝

微信不仅能够帮助抖商吸粉，还可以帮助他们更好地维护抖音等短视频平台的粉丝，通过粉丝维护可以提高黏性、实现裂变以及引导转化，让流量持续变现。

1. 提高粉丝活跃度

抖商可以在微信中开发一些营销功能，如签到、抽奖、学习或者在线小游戏等，提高粉丝参与的积极性。在一些特殊的节假日期间，抖商还可以在微信上开发一些微信吸粉H5（HTML5的简称）活动，来提升粉丝活跃以及快速拉新。在制作微信吸粉H5活动时，"强制关注＋抽奖"这两个功能经常会组合使用，同时可以把H5活动二维码插入到微信文章中，或者将活动链接放入"原文链接"、公众号菜单以及设置关注回复等，让用户关注后就能马上参与活动。

同时，当制作好关注抽奖H5活动后，还需要使用一定的运营技巧，才能让粉丝实现有效增长。

（1）**内部推广**。将活动链接发布到公众号文章中的"阅读原文"或底部菜单，加强原公众号粉丝的参与热情。

（2）**外部推广**。将活动链接发布到朋友圈和其他新媒体渠道的文章中，利用奖品来吸引新粉丝关注公众号。

（3）**活动后续**。当活动结束后，可以在H5后台收集参与粉丝的联系方式，及时为他们进行兑奖。

2. 提高粉丝黏性

不管是电商、微商还是实体门店，都将微信和朋友圈作为自己的主要营销平台，可见其有效性是不容置疑的。所以，抖商完全可以借鉴这些有效的方法和平台，在微信公众号或者个人微信朋友圈中发送营销内容，培养粉丝的忠诚度，激发他们的消费欲望，同时还可以通过一对一的微信私聊解决粉丝的问题，提高用户黏性。

在运营粉丝的过程中，微信内容的安排应该在平台建立之初就有一个大致的定位，并基于其短视频内容定位进行微信内容的安排，也就是需要抖商做好微信平台的内容规划，

这是保证粉丝运营顺利进行下去的有效方法。例如，微信公众号"手机摄影构图大全"就对微信平台的内容进行了前期规划，并在功能介绍中进行了清楚呈现，发送的图文内容始终围绕这一定位来进行，如图6-4所示。

图6-4 微信平台的整体内容规划

3. 管理维护粉丝

大部分抖商都会同时运营多个微信号来打造账号矩阵，但随着粉丝数量的不断增加，管理这些微信号和粉丝就成了一个很大的难题，此时抖商可以利用一些电商营销工具来帮忙。

例如，**聚客通**是一个社交用户管理平台，可以帮助用户盘活微信粉丝，引爆单品，快速提升DSR（detailed seller ratings，动态评分），具有多元化的裂变和拉新玩法，助力抖商实现精细化的粉丝管理。聚客通可以帮助抖商基于社交平台，以智能化的方式获得新客户以及维护老客户，让抖商的粉丝运营效果事半功倍。

6.1.3 挖掘用户价值，打造高转化成交场景

抖商同样是商人，转化率也是一个非常重要的数据，没有转化，再多的流量也是无效的，因此抖商需要打造高转化的成交场景，其中微信红包就是一种不错的营销工具。抖商在微信上引流时可以在H5活动中加入微信红包，并制作成邀请函，不但可以极大增加对用户的吸引力，还可以让用户得到切实的好处，对你产生好的印象。

另外，腾讯在微信上推出了一种连接线上线下的活动营销工具，那就是微信卡券，抖商也可以通过这个功能更好地向用户推广促销活动，打造O2O消费闭环。微信卡券功能可以与抽奖等互动游戏相结合，将卡券作为游戏奖品分发给用户。通过这种营销形式，抖商

不但可以快速有效且低成本地完成促销活动，同时粉丝还能获得更多实惠，促进他们进店消费，从而提升店铺转化率。

个人电脑时代奉行的是"流量为王"，而移动互联网时代的主要特征是"流行即流量"，通过短视频、H5等内容来让产品或品牌变成流行，从而增强它们对用户的影响力和吸引力，形成口口相传的流行氛围，刺激粉丝的消费欲望，让浏览变成购买。

随着今日头条、抖音、微信以及微博等各种社交平台和短视频应用的兴起，抖商获取流量的渠道也越来越多。但是，一旦这些平台打败竞争者，成长为垂直领域的独角兽后，抖商获取流量的成本就会变得非常高。

那么，如何才能低成本获得长久的流量呢？重点就在于老客户的维护，将在抖音等平台用短视频吸引的精准流量导流到自己的流量池中，通过营销、管理、维护和转化等，让他们成为你的忠实粉丝，打造属于自己的私域流量，为你带来长久的效益。

6.2 平台互推导流，7种微信导流的方法

抖音是一个十分强大的引流渠道，上一节说明了将抖音粉丝导流到微信的重要性，本节将介绍具体的导流方法，帮助抖商实现平台互推。这里再次强调，若想通过抖音增粉或者微信引流，首先必须把内容做好，通过内容运营来不断巩固你的个人IP。只有基于好的内容才能吸引粉丝进来，才能让他们愿意去转发、分享，慢慢地，你的流量池中的"鱼"就会越变越多，离成功也就越来越近。

6.2.1 在视频内容中露出微信号

在短视频内容中露出微信可以由主播自己说出来，也可以通过背景展现出来，或者打上带有微信的水印，只要这个视频火爆后，其中的微信号也会随之得到大量的曝光。

需要注意的是，最好不要直接在视频上添加水印，这样做不仅影响粉丝的观看体验，而且不能通过审核，甚至会被系统封号。

6.2.2 在账号简介中展现微信号

抖音的账号简介通常简单明了、一句话解决，主要原则是"描述账号+引导关注"，基本设置技巧如下：前半句描述账号特点或功能，后半句引导关注微信，一定要明确出现关键词"关注"；账号简介可以用多行文字，但一定要在多行文字的视觉中心出现"关注"两个字；用户可以在简介中巧妙地推荐其他账号，但不建议直接引导加微信等。

在账号简介中展现微信号是目前最常用的导流方法，修改起来也非常方便快捷。但需要注意，不要在其中直接标注"微信"，可以用拼音简写、同音字或其他相关符号来代替。只要用户的原创短视频的播放量越大，曝光率越大，引流的效果也就会越好，如图6-5所示。

图6-5　在账号资料部分进行引流

6.2.3　在抖音号当中设置微信号

抖音号跟微信号一样，是其他人能够快速找到你的一串独有的字符，位于个人昵称的下方。抖商可以将自己的抖音号直接修改为微信号，但是，抖音号只能修改一次，一旦审核通过就不能修改了。所以，抖商修改前一定要想好，这个微信号是否是你最常用的那个。

不过，这种方法有一个非常明显的弊端，那就是抖商的微信号可能会遇到好友上限的情况，这样就没法通过抖音号进行导流了。因此，建议抖商将抖音号设置为公众号，这样可以有效避免这个问题。

除此之外，背景图片的展示面积比较大，容易被人看到，因此在背景图片中设置微信号的导流效果也非常明显。

6.2.4　上传的背景音乐设置微信

抖音中的背景音乐也是一种流行元素，只要短视频的背景音乐成为了热门，就会吸引大家去拍同款，得到的曝光程度不亚于短视频本身。因此，抖商也可以在视频内容上传的背景音乐中设置微信号进行导流，如图6-6所示。

图6-6　在背景音乐中设置微信

6.2.5 在个人头像上设置微信号

抖音号的头像都是图片,在其中露出微信号,系统也不容易识别,但头像的展示面积比较小,需要粉丝点击放大后才能看清楚,因此导流效果一般。另外,有微信号的头像也需要用户提前用修图软件做好。

需要注意的是,抖音对于设置微信的个人头像管控得非常严格,所以抖商一定要谨慎使用。抖音号的头像也需要有特点,必须展现自己最美的一面,或者展现企业的良好形象。

6.2.6 通过设置关注的人引流

抖商可以创建多个小号,将它们当作引导号,然后用大号去关注这些小号,通过大号来给小号引流,如图6-7所示。

图6-7 通过设置关注的人来引流

另外,抖商也可以在大号个人简介中露出小号的抖音号,来给小号导流。很多抖商可能都是由微商转型来的,在短视频这一块可能会有些"水土不服",难以变现,此时就只能将抖音流量导流到自己熟悉的领域了。

但是,抖音对于这种行为限制比较厉害,会采取限流甚至封号的处罚。而抖商的大号养起来非常不容易,此时就只能多借用这些小号来给微信个人号或者公众号导流了,虽然走了一些弯路,但至少能避免很多风险。

6.2.7 大号给小号作品点赞引流

很多用户在看到精彩的短视频内容后,不仅会关注这个短视频的创作者,而且出于好奇还会去看他喜欢的内容。此时,抖商就可以利用这些粉丝的好奇心,在"喜欢"列表中给自己的小号作品点赞，吸引粉丝关注，然后通过小号用一些比较大胆的方式来给微信导流。

另外，抖商也可以在大号上发布短视频作品时，通过@功能在标题中@出自己的小号，这样粉丝点击这些小号名称即可快速到达小号主页面。抖商可以在这些小号中放心大胆地使用一些导流方式，如在背景图、头像中添加微信号等，这样就能够避免大号被封。

第 7 章

引流卖货：
让你的粉丝们不再只是看客

要点展示
- 抖商产品的选择标准有哪些
- 直达淘宝的一站式购买
- 5种方法吸引粉丝到店消费

学前提示

引流卖货和广告变现的主要区别在于，引流卖货也是基于短视频来宣传引流，但还需要实实在在地将产品或服务销售出去才能获得收益，而广告变现则只需要将产品曝光即可获得收益。

这些卖货的渠道可以是抖商的自营电商，也可以是以淘宝客形式，或者是线下店铺，抖音都能带来大量的流量转化，让抖商获得盈利。

7.1 抖商产品的选择标准有哪些

掌握抖音引流的方法之后，我们再来看看如何让我们的粉丝不再是看客。抖商通过抖音引流卖货时，需要针对自己的粉丝特点提供精准的商品，这样才能获得更多收益。本节我们主要了解在抖音卖货时，选择的商品应具有哪些特点。

7.1.1 高毛利

抖音等短视频平台并不是真正意义上的电商平台，因此用户的购物需求并不旺盛，他们在抖音上买东西更多时候是一时兴起。因此，抖商要尽可能围绕消费者诉求找一些高单价、高毛利的产品，这样才能够保证自身的利润。

首先在选择货源方面，建议抖商无论想卖什么，或者在卖什么，都一定要选择正品货源。其次是品类定位，建议抖商选择自己喜欢的产品去做，一般都不会差。你喜欢这款产品，自然而然地也会全心而入地去经营这款产品。

销售额=单价×成单量，而利润又与销售额直接挂钩，所以，单价和成单量这两个变量很重要。薄利多销并不适合刚起步做微商的朋友，因为无论是出于经验还是资源考虑，都不可能在短时间获得大量的订单，所以就要控制合理的"高"单价，然后通过其他的附加福利，辅助自己的销售。

7.1.2 复购率高

前面说了短视频的定位并不是卖货，因此抖商可以选择一些复购率较高的产品，吸引客户长期购买，提升老客户黏性，避免付出过高的引流成本。

成功的抖商大部分利润都是来自老客户，所以抖商要不断提升产品竞争力、品牌竞争力、服务竞争力和营销竞争力，促进客户的二次购买，甚至实现长期合作。要做到这一点，关键就在于货源的选择，抖商必须记住一句话，那就是"产品的选择远远大于盲目的努力"，因此要尽可能选择一些能够让粉丝产生依赖的货源。

7.1.3 客户刚需

精准地掌握用户刚需，牢牢把住市场需求，这是所有抖商都必须具备的技能。任何商品最后都需要卖出去，卖给客户才能换得他口袋里的钱。

那么，为什么他们要买你的产品呢？最基本的答案就是：你的产品或服务能够满足他的需求，解决他面临的难题、痛点。例如，共享单车的出现解决了人们就近出行的刚需难题，因此很快就火爆起来。

引流推广篇

刚需是刚性需求的简称，是指在商品供求关系中受价格影响较小的需求。从字面可以理解，"刚需"就是硬性的、人们生活中必须要用的东西，对于抖商的产品选择来说，只有将客户痛点建立在刚需的基础上，才能保证客户基数足够大，而不是目标人群越挖越窄。

7.2 直达淘宝的一站式购买

抖音正在逐步完善电商功能，对于抖商来说这是好事，意味着我们能够更好地通过抖音卖货来变现。本节总结了一些抖音平台的电商营销功能和开店卖货技巧，帮助抖商吸引粉丝在这个平台上享受服务并且完成消费。

7.2.1 信息流，内容营销引流到店铺

抖商可以在抖音信息流广告中插入链接，通过视频内容营销，吸引粉丝点击直接跳转到淘宝、天猫等网店或者电商功能页面，客户可以直接下单购买相应的产品或服务，一站式地完成店铺的引流和转化。

这种卖货玩法的操作比较简单，只需要抖商开通一个抖音信息流广告并充值广告费，即可在抖商信息流中推广自己的店铺产品。当然，还有一些基本要求，包括企业营业执照、商标证书或授权、淘宝企业店或者天猫店等网店渠道。同时，抖音后台会自动统计流量数据，如展现量、点击量、点击率等，抖商可以根据这些数据来优化调整广告计划出价。

7.2.2 外链发布，跳转H5店铺页面

抖音企业号可以在个人主页中设置一个外链跳转按钮，客户点击后可以直接跳转到H5店铺页面，完成下单购买。例如，在优衣库的抖音官方账号主页中，可以看到一个黄色的"新品上线"超链接标签，点击该链接即可跳转到优衣库的店铺主页中，客户可以在此筛选商品和下单购买，如图7-1所示。

抖音企业号可以在PC端（即电脑端）登录抖音后台，在左侧导航栏中选择"个人主页设置"进入设置页面，开启"落地页"功能，在"显示名称"文本框中输入想要在抖音个人主页中展示的外链按钮名称；接下来在"链接地址"中输入企业的官网地址，注意链接必须以"https://"开头，单击"保持"按钮，外链通过系统审核后，即可在抖音用户主页中显示出来。

图7-1 通过外链发布店铺主页

7.2.3 抖音购物车，关联淘宝的商品

在2018年6月，抖音平台就开始内测购物车功能，开通该功能的达人和企业蓝V用户超过了6万人。2018年双十一期间，抖音购物车下单商品数量超过10万件，转化销售额达到了2亿元，订单增长率更是达到了惊人的1000%。抖音购物车有点类似淘宝直播的"边看边买"模式，用户在短视频信息流中点击购物车后，可以一键直达商品详情页面，转化效果非常好，如图7-2所示。

图7-2 抖音购物车示例

当用户满足一定的条件后,系统会发信息询问用户是否开通商品分享功能。另外,抖音官方还推出了"抖音电商研习社"模块,提供官方话题、达人超级话题定制、抖音直播、抖音万物节、DP(指抖音购物车功能运营服务商)机构等功能,帮助商家号主引流卖货,建立完整的电商生态圈。

7.2.4 商品橱窗,直接进行商品销售

抖音开通商品橱窗功能,由原来1000粉丝的门槛,降低到0粉丝门槛,只要发表10个视频,外加实名认证,就可以开通。抖商可以在商品橱窗中添加商品,直接进行商品销售。商品橱窗除了会显示在信息流中,同时还会出现在个人主页中,方便用户查看该账号发布的所有商品,如图7-3所示。

图7-3 抖音商品橱窗示例

在淘宝和抖音合作后,很多百万粉丝级别的抖音号都成了名副其实的"带货王",捧红了不少产品,而且抖音的评论区也有很多"种草"的评语,让抖音成为了"种草神器"。自带优质流量池、红人聚集地及商家自我驱动等动力,都在不断推动着抖音走向"网红"电商这条路。

7.2.5 抖音小店,抖音内部完成闭环

抖音不仅拥抱淘宝加快内容电商进程,而且上线抖音小店,打造自己的卖货平台。而自从抖音打通淘宝开始,眼尖的抖商已迅速占领这片沃地,收割第一批红利了。

要开通抖音小店,首先需要开通抖音购物车和商品橱窗功能,并且需要持续发布优质

原创视频，同时解锁视频电商、直播电商等功能才能去申请，满足条件的抖音号会收到系统的邀请信息。抖音小店对接的是今日头条的放心购商城，用户可以从抖音帮助页面进入入驻平台，也可以通过PC端来登录。注意要选择抖音号登录，如图7-4所示。

图7-4 抖音小店的申请入口

商家入驻抖音小店的基本流程如图7-5所示。目前抖音小店入驻仅支持个人入驻模式，用户需要根据自己的实际情况填写相关身份信息，然后设置选择主营类目、店铺名称、店铺LOGO、上传营业执照等信息，最后等待系统审核即可。入驻审核通过后，即可开通抖音小店，抖音小店的商品详情页面如图7-6所示。

抖音小店是抖音针对达人内容变现推出的一个内部电商功能，通过抖音小店即可直接在抖音内部实现电商闭环，而无需再跳转到外链去完成购买，让达人们更快变现，同时也为用户带来更好的消费体验。

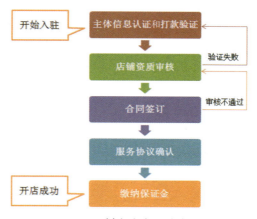

图7-5 抖音小店入驻流程

图7-6 抖音小店商品详情页面

7.2.6 鲁班店铺，快速上架推广商品

鲁班店铺是一个专为广告主开发的电商广告管理工具，同时也可以创建商品页面，以及具有店铺管理、订单管理和数据信息查询等功能。鲁班店铺支持今日头条和抖音同步投放，不依赖于第三方电商平台，可以通过信息流广告直接跳转到抖音的下单页面，快速完成买卖环节。鲁班店铺的商品落地页页面展示结构化突出，商品展示角度更丰富，可以有效提升页面转化率。

鲁班店铺的开通流程如图7-7所示。满足要求的抖商可以登录后台，填写完成注册信息后，缴纳保证金20000元即可。

图7-7 鲁班店铺的开通流程

7.2.7 DOU+加热，提升电商点击率

DOU+是一款视频"加热"工具，购买并使用后，可以将视频推荐给更多用户，提升视频的播放量与互动量，提升视频电商的点击率。

打开抖音，选择想要"加热"的视频作品，点击右侧的分享按钮，如图7-8所示。在视频分享页面，点击第二排的"DOU+速推"按钮，如图7-9所示。进入"DOU+上热门"界面，设置相应的投放金额，可以看到预计提升的播放量，点击"支付"按钮即可，如图7-10所示。

需要注意的是，系统会默认推荐给可能感兴趣的用户，建议有经验的抖商选择自定义投放模式，根据店铺实际的精准目标消费群体来选择投放用户，包括用户年龄、性别以及所在地域等。投放DOU+后，抖商可以在设置界面中选择"DOU+订单管理"选项进入其界面，查看订单详情。

投放DOU+的视频必须是原创视频，内容完整度好，视频时长超过7秒，且没有其他App水印和非抖音站内的贴纸或特效。只要抖商的内容足够优秀，广告足够有创意，就有很大概率将这些用户转化为留存用户，甚至变为二次传播的跳板。

图7-8　点击分享按钮

图7-9　点击"DOU+速推"按钮

图7-10　点击"支付"按钮

7.3 5种方法吸引粉丝到店消费

除了线上电商变现外,抖音还可以吸引粉丝前往线下门店消费,助力实体商家类抖商变现。尤其是抖音企业蓝V的POI(point of interest的缩写,中文可以翻译为"兴趣点")功能,这是一个有效帮助线下实体商家和企业拓展客户的"引流带货利器"。

7.3.1 认证蓝V账号,帮助企业引流带货

企业认证在给企业提供服务的同时,也会进一步规范平台运营并增强企业账号的公信力。抖商可以进入"抖音官方认证"界面,选择"企业认证"选项进入其界面,在此可以看到需要提供企业营业执照和企业认证公函,以及支付600元/次的认证审核服务费,准备好相关资料后点击"开始认证"按钮,如图7-11所示。

接下来设置相应的用户名称、手机号码、验证码、发票接收邮箱以及邀请码等,并上传企业营业执照和企业认证公函,然后点击"开始认证"按钮即可,如图7-12所示。

图7-11 "企业认证"界面

图7-12 设置企业认证信息

成功认证"蓝V"企业号后,将享有权威认证标识、头图品牌展示、昵称搜索置顶、昵称锁定保护、商家POI地址认领、私信自定义回复、DOU+功能、"转化"模块等多项专属权益,能够帮助企业更好地传递业务信息,与用户建立互动。

通过抖音企业号认证,将获得如下权益。

（1）**权威认证标识**。账号头像右下方会出现蓝"V"标志，并可以显示认证信息，彰显官方权威性。

（2）**昵称搜索置顶**。已认证的昵称在搜索时会位列第一，助潜在粉丝第一时间找到你。例如，搜索"小米"这个关键词时，结果列表中的第一个就是"小米手机"企业号。

（3）**昵称锁定保护**。已认证的企业号昵称具有唯一性，杜绝盗版冒名企业，维护企业形象。

（4）**商家POI地址认领**。企业号可以认领POI地址，认领成功后，在相应地址页将展示企业号及店铺基本信息，支持企业电话呼出，为企业提供信息曝光及流量转化。

（5）**头图品牌展示**。用户可自定义头图，直观展示企业宣传内容，第一时间吸引眼球。"蓝V"主页的头部banner（指横幅），可以由用户自行更换并展示，你也可以理解为这是一个企业自己的广告位。

（6）**私信自定义回复**。企业号可以自定义私信回复，可提高与用户的沟通效率。通过不同的关键字设置，企业可以有目的地对用户进行回复引导，且不用担心回复不及时导致的用户流失，提高企业与粉丝的沟通效率，减轻企业号运营工作量。

（7）**"DOU＋"功能**。可以对视频进行流量赋能，用户可以付费来推广视频，将自己的作品推荐给更精准的人群，提高视频播放量。

（8）**"转化"模块**。抖音会针对不同的垂直行业，开发"转化"模块，核心目的就是提升转化率。如果你是一个本地餐饮企业，你可以在发布的内容上附上自己门店的具体地址，可以通过导航软件给门店导流。例如，高级"蓝V"认证企业号可以直接加入App的下载链接。

7.3.2　POI信息，商家可以在抖音上开店

如果抖商拥有自己的线下店铺，或者有跟线下企业合作，则建议大家一定要认证POI，这样可以获得一个专属的唯一地址标签，只要能在高德地图上找到你的实体店铺，认证后即可在短视频中直接展示出来，如图7-13所示。用户在上传视频时，若给视频进行定位，则会在红框位置显示定位的地址名称、距离和多少人来过的基本信息。点击定位后，跳转到"地图打卡功能页面"，在该页面能够显示地址的具体信息和其他用户上传的与该地址相关的所有视频，如图7-14所示。

抖商可以通过POI页面，建立与附近粉丝直接沟通的桥梁，向他们推荐商品、优惠券或者店铺活动等，可以有效为线下门店导流，同时能够提升转化效率。

引流推广篇

图7-13　在视频中展现地址

图7-14　地图打卡功能页面

7.3.3　扫码拍视频领券，为线下门店导流

在短视频信息流中，点击POI标签即可进入店铺详情页，详情页还可以直接通向企业官方账号，以及展现出店铺的推荐产品。同时，本地服务类抖商可以利用详情页中的"扫码拍视频领券"功能，在抖音上为自己的线下门店投放优惠券，吸引更多精准流量。

抖商可以使用电脑端登录头条号后台，依次进入"抖音→商家运营设置→营销活动→卡券"平台页面，创建一个"扫码拍视频领券"的门店活动，并生成相应的二维码。用户扫描商家提供的二维码，在商家认领的POI地址下拍摄视频并发布，即可以领取商家卡券。

"扫码拍视频领券"功能非常适合线下流量好的实体店，能够极大地鼓励用户在线上进行创作和分享短视频，不仅能够吸引更多用户到店消费，还为店铺在抖音增加曝光量。

例如，"小龙坎"火锅连锁店拥有大量的线下门店和客流量，同时通过抖音企业号的POI地址扩大品牌宣传，如图7-15所示。同时，"小龙坎"再结合卡券功能，将线下流量引导至线上，吸引大量的线上年轻消费者参与"扫码拍视频领券"活动，极大地提升了门店生意。

图7-15 "小龙坎"火锅连锁店示例

7.3.4 店铺主页领券，促进用户的进店率

如果抖商的线上流量非常大，则可以通过"POI＋优惠券"的营销组合，在抖音上充分利用自己的店铺信息和优惠活动等，将流量引入线下，增加用户到店消费的动机，实现消费转化。

例如，"成都吃客"是成都的一个本地餐饮"网红"品牌，经常有很多抖音粉丝慕名前往消费，门口常常是人头攒动。"成都吃客"在抖音平台上的POI详情页中推出了电子优惠卡券，用户可以在线上领券，然后前往线下消费，将线上的流量引入线下，极大地提升了门店的客流量，打造O2O商业闭环。

POI地址还可以与DOU＋推广功能结合，让门店获得更多精准流量，非常适合那些线上关注度很低的实体企业。抖商可以先发布带有POI地址的门店短视频作品，然后利用DOU＋功能实现高效传播，将作品通过智能定向的模式，推荐给更多感兴趣的用户，触达更多目标消费者，吸引他们前往线下门店打卡。

同时，抖商还可以在门店内结合抖音的元素，设置一些优惠活动或小游戏，如在店内拍视频点赞超过多少就送多少优惠等，增强这些用户的互动体验，促进他们消费的同时，还能提升门店曝光。

7.3.5 话题挑战，快速引爆线下门店流量

POI的核心在于用基于地理位置的"兴趣点"来链接用户痛点与企业卖点，从而吸引

目标人群。大型的线下品牌企业还可以结合抖音的POI与话题挑战赛来进行组合营销，通过提炼品牌特色，找到用户的"兴趣点"来发布相关的话题，这样可以吸引大量感兴趣的用户参与，同时让线下店铺得到大量曝光，精准流量带来的高转化也会为企业带来高收益。

在抖音平台上，只要有人观看你的短视频，就能产生触达。POI拉近了企业与用户的距离，在短时间内实现最大流量的品牌互动，方便品牌进行营销推广和商业变现。POI搭配话题功能和抖音天生的引流带货基因，也让线下店铺的传播效率和用户到店率得到提升。

POI最大的作用在于可以叠加线上流量池和线下客流，也就是说，POI不仅可以从线上向线下导流，而且可以让线下体验反哺线上内容，加速从曝光到转化的进程，把流量转化为店铺的销售业绩。

直播
带货篇

第8章

商品分享:
开启抖商卖货之旅

要点展示
- 4步快速开通抖音商品分享功能
- 借助商品橱窗进行集中分享
- 分享商品开启抖音卖货之路

学前提示

商品分享是抖音电商卖货的一个重要功能,无论是视频卖货还是直播卖货,商品分享都可以说是一项必不可缺的功能。

那么,如何开通和运用好商品分享功能,更好地开启抖商卖货之旅呢?这一章,笔者将重点对这个问题进行解读。

8.1 快速开通抖音商品分享功能

对于抖商来说，增加商品的销售量是关键。通常来说，要增加商品的销售量，便捷的购买方式至关重要。那么这一节笔者将重点对开通抖音商品分享功能的相关问题进行解读。

8.1.1 什么是商品分享功能

商品分享功能，顾名思义就是对商品进行分享的一种功能。在抖音平台中，开通商品分享功能之后，便可以在抖音视频、直播和个人主页界面对商品进行分享。开通商品分享功能之后，用户还可以拥有自己的"商品橱窗"。

抖音中的商品分享功能相当于是一个超链接，用户可以通过路径的设置，借助商品分享功能，将用户引导至商品购买页面。如果其他抖音用户看到视频

图8-1 商品分享功能的呈现方式

和直播之后，对视频和直播中的商品感兴趣，便会通过商品分享功能快速完成购买。这无疑能够对抖商的店铺销售提升起到极大的促进作用。

抖音短视频App中的商品分享功能主要有两种呈现形式：一是以文字加购物车的形式呈现；二是以图片加文字的小卡片形式呈现，如图8-1所示。一般来说，同一个抖音短视频，抖音用户第一次看时，商品分享功能会以第一种方式呈现。而如果抖音用户重复观看短视频，则商品分享功能将以第二种方式呈现。

8.1.2 开通商品分享功能的步骤

既然商品分享功能这么重要，那么如何在抖音平台开通商品分享功能呢？具体操作步骤如下。

步骤 01 登录抖音短视频App，点击"设置"界面中的"商品分享功能"按钮，如图8-2所示。

步骤 02　操作完成后,进入如图8-3所示的"商品分享功能申请"界面,点击界面下方的"立即申请"按钮,申请开通"商品分享功能"。

图8-2　点击"商品分享功能"按钮

图8-3　点击"立即申请"按钮

步骤 03　操作完成后,进入如图8-4所示的资料填写界面。在该界面中填写手机号、微信号和所卖商品类目等信息;点击"提交"按钮,如图8-4所示。

步骤 04　操作完成后,如果接下来页面中显示"审核中"就说明商品分享功能申请成功提交了,如图8-5所示。

图8-4　点击"提交"按钮

图8-5　申请提交成功

步骤 05　申请提交之后，抖音平台会对申请进行审核，如果审核通过了，便可以收到一条来自购物助手的消息。

8.1.3 开通商品分享功能的好处

为什么要开通商品分享功能呢？这主要是因为开通该功能之后有许多好处，其中最直接的好处就是可以拥有个人商品橱窗，能够通过分享商品赚钱。

1. 可以拥有个人商品橱窗

商品分享功能开通之后，抖音账号便可以拥有个人商品橱窗了。个人商品橱窗就像是一个开设在抖音上的店铺，抖音电商运营者可以对商品橱窗中的商品进行管理，而其他抖音用户则可以点击商品橱窗中的商品进行购买。

对于抖音电商运营者来说，个人商品橱窗可以说是必须要开通的一个功能。关于个人商品橱窗的相关内容，笔者将在8.2节中重点解读，这里就不赘述了。

2. 能够通过分享商品赚钱

在抖音平台中，电商销售商品最直接的一种方式就是通过分享商品链接，为抖音用户提供一个购买的通道。对于抖音电商运营者来说，无论分享的是自己店铺的东西，还是他人店铺的东西，只要商品卖出去了就能赚到钱。而要想分享商品，就必须开通商品分享功能。

8.1.4 开通商品分享功能的条件

"商品分享功能申请"界面中，列出了商品分享功能的申请条件，如图8-6所示。可以看到，开通商品分享功能的抖音账号必须满足两个条件：一是发布的非隐私且审核通过的视频数量超过10个；二是通过了实名认证。当两个条件都达成之后，抖音账号运营者便可申请开通商品分享功能了。

图8-6　商品分享功能的申请条件

直播带货篇

8.1.5 商品分享开通后的注意事项

商品分享功能审核通过之后,抖音电商运营者收到的信息中,除了告知审核通过之外,还会告知商品分享功能开通后10天之内,必须在商品橱窗中加入10个商品,否则该权限将被收回。

也就是说,抖音电商运营者开通商品分享功能之后,必须抓紧时间先在商品橱窗中添加足够多的商品,做好开启抖音电商的准备。如果在限定时间内添加的商品数量达不到要求,抖音电商运营者要想使用商品分享功能就只能再次进行申请了。

除此之外,商品分享功能开通之后要不时地使用一下,如果超过两个星期未使用商品分享功能,系统将关闭商品橱窗分享。

抖音电商运营者在发布视频时,不能使用其他渠道的视频,或是盗用他人的视频,一经发现会被系统关闭商品分享功能。

8.2 借助商品橱窗进行集中分享

商品分享功能开通成功之后,系统将在抖音账号中提供一个商品橱窗入口。对于抖音电商运营者来说,商品橱窗就是一个集中分享商品的平台。

抖音电商运营者一定要运用好商品橱窗功能,积极地引导其他抖音用户进店消费,这是非常有用的。

8.2.1 什么是抖音商品橱窗

抖音商品橱窗,顾名思义就是抖音短视频App中用于展示商品的一个界面,或者说是一个集中展示商品的功能。商品分享功能成功开通之后,抖音账号个人主页界面中将出现"商品橱窗"的入口。

另外,初次使用"抖音橱窗"功能时,系统会要求开通电商功能。点击个人主页界面中的"商品橱窗",即可进入如图8-7所示的"开通电商功能"界面。

向上滑动屏幕,阅读协议的相关内容,确认没有问题之后,点击下方的"我已阅读并同意"按钮,如图8-8所示。

操作完成之后,如果显示"恭喜你已开通抖音商品推广功能!"则说明电商功能已开通。本书第7章中对电商橱窗有具体示例,此处不再重复。

第8章 商品分享：开启抖商卖货之旅

图8-7 "开通电商功能"界面　　图8-8 点击"我已阅读并同意"按钮

8.2.2 了解电商橱窗禁售类目

抖音电商橱窗禁售的商品主要可以分为13个类目，具体内容如表8-1所示。

表8-1　抖音电商橱窗禁售商品

仿真枪、军警用品、危险武器类	
1	枪支、弹药、军火及仿制品
2	可致使他人暂时失去反抗能力，对他人身体造成重大伤害的管制器具
3	枪支、弹药、军火的相关器材、配件、附属产品，及仿制品的衍生工艺品等
4	安防、警用、军用的制服、标志、设备及制品
5	管制类刀具、弓弩配件及飞镖等可能用于危害他人人身安全的管制器具
易燃易爆、有毒化学品、毒品类	
1	易燃、易爆物品，如火药等
2	毒品、制毒原料、制毒化学品及致隐性药物
3	国家禁止生产、经营、使用的危险化学品
4	毒品吸食工具及配件
5	介绍制作易燃易爆品方法的相关教程、书籍
6	农业部颁布的禁用限用类农药

直播带货篇

续表

7	烟花爆竹和烟花爆竹燃放装置
	未经允许、违反国家行政法规或不适合交易的商品
1	伪造变造的货币以及印制设备
2	正在流通的人民币及仿制人民币（第四、第五套人民币）
3	涉嫌违反《中华人民共和国文物保护法》相关规定的文物
4	烟草专卖品及烟草专用机械
5	依法应当经行政部门批准或备案后销售商品，未经相关行政部门批准或备案
6	未取得营业执照或电信网络代理资质销售运营商通信类产品
7	已激活的手机卡、上网卡等违反国家实名制规定的商品
8	未经许可发布的奥林匹克运动会、世界博览会、亚洲运动会等特许商品
9	国家机关制服及相关配件类商品
10	未经授权的国家领导人相关的信息或商品
11	军需、国家机关专供、特供等商品
12	国家补助或无偿发放的不得私自转让的商品
13	大量流通中的外币及外币兑换服务
14	POS机（包括MPOS）、刷卡器等受理终端
15	邮局包裹、EMS专递、快递等物流单据凭证及单号
16	内部资料性出版物
17	境外出版物代购类商品或服务
18	非法传销类商品
19	国家明令淘汰或停止销售的书籍类商品
20	其他法律法规等规定向文件中禁止销售的商品
	反动等破坏性信息类
1	含有反动、破坏国家统一、破坏主权及领土完整、破坏社会稳定，涉及国家机密、扰乱社会秩序，宣扬邪教迷信，宣扬宗教、种族歧视等信息，或法律法规禁止出版发行及销售的书籍、音像制品、视频、文件资料等
2	偷电设备、蹭网卡、蹭网器、拨号器、破网、翻墙软件及VPN代理服务等
3	存在扣费项目不明确、恶意扣费、暗设扣费程序等任何损害用户权益的情况，或含有盗号、窃取密码等恶意程序的产品
4	不适宜在国内出版发行、销售的涉政书刊及收藏性的涉密书籍、音像制品、视频、文件资料等

续表

5	国家禁止的集邮票品以及未经邮政行业管理部门批准制作的集邮品,以及1949年之后发行的包含"中华民国"字样的邮品
6	带有宗教、种族歧视的相关商品或信息
7	反动等含有破坏性信息的产品和服务,如不适宜在国内发行的涉政书刊及收藏性的涉密书籍、音像制品,诈骗网站
	色情低俗、催情用品类
1	含有色情淫秽内容的音像制品及视频、色情陪聊服务、成人网站论坛的账号/邀请码或其他淫秽物品
2	可致使他人暂时失去反抗能力、意识模糊的口服或外用的催情类商品及人造处女膜等
3	用于传播色情信息的软件、种子文件、网盘资源及图片,含有色情、暴力、低俗内容的音像制品,原味内衣及相关产品,含有未成年人色情内容的图片、写真视频等
4	含有色情、暴力、低俗内容的动漫、读物、游戏和图片等
5	网络低俗产物
6	避孕套、两性用品及周边相关的化妆品服装服饰
	涉及隐私、人身安全类
1	用于监听窃取隐私、泄露个人私密资料、手机监听器或机密的软件及设备等
2	用于非法摄像、录音、取证等用途的设备等
3	身份证、护照、社会保障卡等依法可用于身份证明的证件等
4	盗取或破解账号密码的软件、工具、教程及产物等
5	个人隐私信息及企业内部数据,提供个人手机定位、电话清单查询、银行账户查询等服务
6	汽车安全带扣等具有交通安全隐患的汽车配件类商品等
7	已报废、达到国家强制报废标准、非法拼装或非法所得等国家法律法规明令禁止经营的车辆及其"五大总成"等
8	载人航空器、航空配件、模型图纸类商品
	药品、医疗器械、保健品类
1	一类、二类、三类医疗器械
2	OTC药品及处方药
3	保健品
4	医疗服务
5	所有用于预防、治疗人体疾病的国产药品,所有用于预防、治疗人体疾病的外国药品

续表

6	未经药品监督管理部门批准生产、进口或未经检验即销售的医疗器械，其他用于预防、治疗、诊断人体疾病的医疗器械	
7	依据《中华人民共和国药品管理法》认定的假药、劣药	
8	兽药药监部门专项行政许可的兽药处方药和非处方药目录药品，国家公示查处的兽药，兽药监督管理部门禁止生产、使用的兽药	
非法服务、票证类		
1	伪造、变造国家机关或特定机构颁发的文件、证书、公章、防伪标签等，非法或仅限国家机关或特定机构方可提供的服务	
2	抽奖类商品	
3	尚可使用或用于报销的票据（及服务），尚可使用的外贸单证以及代理报关、清单、商检、单证手续的服务	
4	为公开发行的国家级正式考试答案，考试替考服务	
5	代写论文等相关服务	
6	对消费者进行欺骗性销售诱导、排除或限制消费者合法权益的服务	
7	汽车类违规代办服务	
8	网站备案、亲子鉴定、胎儿鉴定等服务	
9	票、基金、保险、股票、贷款、投资理财、证券等服务	
10	法律咨询、心理咨询、金融咨询、医疗及健康相关服务	
11	规避合法出入境流程的商品及服务	
12	违反公序良俗、封建迷性类的商品及服务	
13	实际入住人无需经过酒店实名登记便可入住的酒店类商品或服务	
14	未取得跟团游、出游境、签证等业务相关经营资质的商品及服务	
动植物、动植物器官及动物捕杀工具类		
1	人体器官、遗体	
2	国家保护野生动植物	
3	严重危害人畜安全的动物捕杀设备或配件以及其他动物捕杀工具	
4	猫狗肉、猫狗皮毛、鱼翅、熊胆及其制品，其他有违公益的或对当地生态系统可能造成重大破坏的生物物种及其制品	
5	人类遗体资源材料	
6	宠物活体	

续表

补充说明：

* 野生动物：包括国家立法保护的、有益的或者有重要经济和科学研究价值的野生动物以及世界/国家保护类动物和濒危动物，已灭绝动物与现有国家二级以上保护动物的化石。
* 野生植物：被列入世界国家保护类植物清单的、法律禁止不得销售的植物，或植物产品；国家保护类植物活体（树苗除外）。

	设计盗取等非法所得及非法用途软件、工具或设备类
1	走私、盗窃、抢劫等非法所得
2	赌博用具、考试作弊工具、汽车跑表器材等非法用途工具
3	卫星信号收发装置及软件，用于无线电信号屏蔽的仪器或设备
4	撬锁工具、开锁服务及其相关教程、书籍等
5	一卡多号，有蹭网功能的无线网卡以及描述信息中有告知会员能用于蹭网的设备等
6	涉嫌欺诈等非法用途的软件、工具及服务
7	可能用于逃避交通管理的商品
8	利用电话线路上的直流馈电发光的灯
9	群发设备、软件及服务
10	外挂软件、作弊软件等不正当竞争工具或软件
11	秒杀器以及用于提高秒杀成功概率的相关软件或服务
12	涉嫌侵犯其他公司或个人利益的手机破解类商品或服务
13	妨害交通安全秩序的产品
	虚拟类
1	比特币、莱特币、高利贷、私人贷款、贷款推广等互联网虚拟币以及相关商品
2	网络游戏、游戏点卡、货币等相关服务类商品
3	外挂、私服相关的网游类商品
4	游戏点卡或平台卡商品
5	网络账户死保账号或存在交易风险的腾讯QQ账号、ITUNES账号、百度账号以及视频类网站账号等账号类商品
6	炒作博客人气、炒作网站人气、代投票类商品或信息
7	航空公司的积分和历程，航空公司积分/里程兑换的机票；各航空公司下发文件规定的不合格产品
8	酒店类商品或服务、跟团游、出境游、签证等业务的商品及服务

续表

9	未经平台许可的用于兑换商品实物或服务的定额卡券、储值卡券、储值服务或将购买款项分期返还的交易
10	官方已停止经营的游戏点卡或平台卡商品
11	以支付、社交、媒体为主要功能的互联网用户账号类商品
12	第三方支付平台代付、信用卡代刷类服务及其他违反《关于代办妨害信用卡管理刑事案件具体应用法律若干问题的解释》相关规定的商品或服务
13	不可查询的分期返还话费类商品
14	时间不可查询的以及被称为漏洞卡、集团卡、内部卡、测试卡的上网资费卡或资费套餐及SIM卡
15	慢充卡等实际无法在72小时内到账的虚拟商品
16	SP业务自消费类商品
17	时间不可查询的虚拟服务类商品
18	手机直拨卡与直播业务,电话回拨卡与回拨业务
舆情重点监控类	
1	近期媒体曝光的商品
2	由不具备生产资质的生产商生产的,或不符合国家、地方、行业、企业强制性标准,或不符合抖音平台规则规定的商品
3	经权威质检部门或生产商认定、公布召回的商品,国家明令淘汰或停止销售的商品,过期、失效、变质的商品,以及含有罂粟籽的食品、调味品、护肤品等制成品
4	存在制假风险的品牌配件类商品
5	商品本身或外包装上所注明的产品标准、认证标志、生产商信息、材质成分及含量等不符合国家规定的商品
6	公益资助贫困儿童/领养动物/保护野生动物(无法核实真实性)
7	违禁工艺品、收藏类品
8	食药监局明令禁止的商品
9	车载音乐U盘
不符合抖音平台风格的商品	
1	分销、招代理、招商加盟、店铺买卖
2	国内/海外投资房产、炒房
3	高仿类

续表

4	殡葬用品、用具、存放、投资等
5	二手类：二手汽车、二手手机、二手3C数码产品等
6	卫生巾、内衣、丝袜、灭鼠器
7	白酒

补充说明：
* 外观侵权、商标侵权及假冒伪劣产品
* 疑似假货和假货类
服装：耐克、阿迪、gucci、coach等知名品牌（化妆品品牌可以投放）
手表、箱包等奢侈品品类

以上电商橱窗禁售类目，抖音官方平台已经进行了公示。同时，为了更好地规范电商橱窗，避免抖音电商运营者销售禁售类目中的商品，抖音针对违规行为给出了对应的处罚，具体如图8-9所示。

违规行为	处罚
人工排查时发现禁售商品1次	关闭该内容的购物车功能
排查到的涉嫌发布前述商品且情节严重的（包含橱窗内禁售商品达50%（含）以上或2次管理购物车功能后依然存在禁售商品售卖的商品）	永久关闭该账号橱窗分享功能
重复发布违规商品或信息，或通过任何方式规避各类管理措施的商品	永久关闭该账号橱窗分享功能

图8-9 电商橱窗销售禁售商品的相关处罚

从图8-9可以看得出来，一旦发现商品橱窗中包含禁售的类目，轻则关闭禁售商品的购物车功能，重则永久关闭对应账号的橱窗分享功能。所以，抖音运营者在添加商品橱窗的商品时，最好不要抱着侥幸心理添加违规的商品，否则违规问题一经发现，就得不偿失了。

8.3 分享商品开启抖音卖货之路

商品分享功能开通之后，抖音电商运营者便可以借助该功能开启抖音的卖货之路了。

这一节笔者将重点对商品分享功能的相关使用技巧进行解读,帮助各位抖音电商运营者更好地玩转商品分享。

8.3.1 在视频中分享商品

解锁视频电商功能要靠在视频中分享商品来完成。下面笔者就对在视频中分享商品的具体操作步骤进行说明,帮助大家快速解锁视频电商功能。

步骤 01　登录抖音短视频App,拍摄和选择视频进入如图8-10所示的"发布"界面,点击界面中的"添加商品"一栏。

步骤 02　操作完成后,进入"添加商品"界面。在该界面中,抖音运营者可以通过搜索商品的方式添加商品,也可以从自己的商品橱窗中添加商品。

下面就以从自己的商品橱窗中添加商品为例进行说明。抖音运营者只需在"添加商品"界面的"我的橱窗"版块中,点击"添加"按钮即可,如图8-11所示。

步骤 03　进入"编辑商品"界面,在该界面中编辑商品的相关信息,信息编辑完成后,点击下方的"完成编辑"按钮,如图8-12所示。

步骤 04　操作完成后,返回"发布"界面,如果此时发布界面中🛒图标后方出现了刚刚编辑的商品名称,就说明商品分享添加操作成功了,如图8-13所示。如果抖音运营者需要发布该短视频,只需点击下方的"发布"按钮即可。

步骤 05　短视频发布之后,短视频中将出现购物车图标和商品名称。其他抖音用户只需点击购物车图标或商品名称,便可以前往商品的购买页面了。

图8-10　点击"添加商品"按钮

图8-11　点击"添加"按钮

图8-12 点击"完成编辑"按钮

图8-13 商品分享添加成功

8.3.2 在直播中分享商品

直播电商开通之后,抖音运营者便可以在直播中分享商品。下面笔者就来具体讲解在直播中分享商品的具体操作步骤。

步骤 01 登录抖音短视频App,点击进入拍摄界面。在拍摄界面中点击"开直播"按钮,如图8-14所示。

步骤 02 进入开直播界面,点击界面中的"商品"按钮,如图8-15所示。

图8-14 点击"开直播"按钮

图8-15 点击"商品"按钮

步骤 03　进入"选择直播商品"界面,选择需要加入直播的商品;点击"完成"按钮,如图8-16所示。

图8-16　"选择直播商品"按钮

图8-17　点击"开始视频直播"按钮

步骤 04　操作完成后,返回开直播界面,此时界面中将显示商品的数量,如果抖音运营者需要开直播,只需点击界面中的"开始视频直播"按钮即可,如图8-17所示。

步骤 05　操作完成后,进入视频直播界面,点击界面中的 🕒 按钮,如图8-18所示。

步骤 06　执行操作后,界面中将弹出"直播商品"对话框,该对话框中会显示直播中分享的商品,如图8-19所示。

图8-18　直播界面

图8-19　"直播商品"对话框

以上内容即抖音电商运营者在抖音开启卖货之路的具体步骤与方法，希望对大家能带来一定帮助。

8.3.3 商品分享的常见成交场景

抖音运营者将商品分享至抖音短视频App后，便可以等待其他抖音用户购买商品，坐等商品成交了。具体来说，抖音中商品分享的常见成交场景可分为3种，下面笔者就来进行具体的解读。

1. 抖音平台内成交

如果抖音运营者分享的商品在抖音平台内（即该商品在抖音小店等抖音的自有平台内），其他用户便可以在抖音平台内直接购买商品。

那么，抖音平台内的成交场景是怎样的呢？下面就对其具体的购买操作步骤进行说明，展现其成交的具体场景。

步骤 01　抖音用户登录短视频App，点击视频中分享的商品购买链接，如图8-20所示。

步骤 02　进入商品详情界面，在该界面中抖音用户可以查看商品的相关信息，如果确定要购买该商品，只需点击"立即购买"按钮即可，如图8-21所示。

图8-20　点击视频中分享的商品购买链接

图8-21　商品详情界面

步骤 03　操作完成后，弹出商品购买对话框，在对话框中选择需要购买的产品信息；点击"确定"按钮，如图8-22所示。

步骤 04 进入"提交订单"界面,抖音用户只需点击"立即购买"按钮,并支付对应的购物款项,便可以成功下单了,如图8-23所示。

图8-22 弹出商品购买对话框

图8-23 "提交订单"界面

2. 跳转外链店铺成交

如果抖音运营者分享的商品是外链店铺,其他抖音用户便可前往对应的外链店铺购买商品,而商品的成交也将在外链店铺中完成。

具体来说,跳转外链店铺的商品购买操作和成交场景如下。

步骤 01 抖音用户登录短视频App,点击视频中分享的商品购买链接,如图8-24所示。

步骤 02 进入商品详情界面,在该界面中抖音用户可以查看商品的相关信息,如果确定要购买该商品,只需点击"去购买"按钮即可,如图8-25所示。

步骤 03 操作完成后,出现跳转至外链平台的页面。图8-26所示为跳转至淘宝平台的相关页面。

步骤 04 进入淘宝商品详情界面,点击"立即购买"按钮,如图8-27所示。

步骤 05 操作完成后,弹出商品购买对话框。在对话框中选择需要购买的产品信息,点击"确定"按钮,如图8-28所示。

步骤 06 进入"确认订单"界面,抖音用户只需点击"提交订单"按钮,并支付对应的购物款项,便可以成功下单了,如图8-29所示。

图8-24　点击视频中分享的商品购买链接

图8-25　商品详情界面

图8-26　跳转至淘宝平台

图8-27　淘宝商品详情界面

图8-28　弹出商品购买对话框

图8-29　"确认订单"界面

需要特别注意的是,如果抖音用户没有下载对应外链店铺所在的App,系统会跳转至App下载界面,抖音用户只有下载完App,并且登录App账号,才能继续进行购物。

3. 跳转至H5页面成交

除了抖音平台内和外链店铺外，抖音短视频中分享的商品还可以在H5页面中成交。这种成交场景相对来说少见一些，其商品的分享以个人主页界面的链接为主。下面就来简单介绍抖音用户通过跳转至H5页面购买商品的具体操作步骤。

步骤 01　登录抖音短视频App，点击抖音账号个人主页界面中的网址链接，如优衣库账号主页中的官方网站，如图8-30所示。

步骤 02　因为抖音个人主页中的网址链接都是通往站外的H5页面因此，当抖音用户点击这一类链接时，会出现带有警告性文字"非抖音短视频官方网址请谨慎访问，以免上当受骗造成损失"的页面。如果抖音用户确定前往该链接地址，只需点击"继续访问"按钮即可，如图8-31所示。

步骤 03　进入优衣库的官方网页，点击网页中左下角的"分类"按钮，如图8-32所示。

步骤 04　进入商品选购界面，选择需要的商品，如图8-33所示。

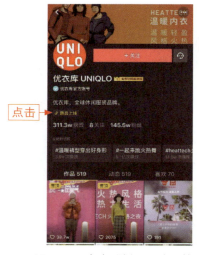

图8-30　点击"新品上线"按钮

图8-31　点击"继续访问"按钮

图8-32 点击"分类"按钮　　　　图8-33 选择需要的商品

步骤 05 进入商品购买界面,选择需要购买产品的信息;点击"确定"按钮,如图8-34所示。

步骤 06 如果抖音用户是第一次通过抖音中的链接进入该网址购物,需要输入手机号、验证码;点击"登录"按钮,登录该网站,如图8-35所示。

步骤 07 登录网站之后,页面将跳转至配送地址填写界面。抖音用户需要输入配送地址的相关信息;点击"使用该地址"按钮,如图8-36所示。

步骤 08 操作完成后,进入下单界面。抖音用户需要核对订单信息,确认无误之后,只需点击"提交订单"按钮,并支付对应的购物款项,便可以完成下单,如图8-37所示。

图8-34 商品购买界面　　　　图8-35 登录界面

图8-36 填写配送地址界面

图8-37 下单界面

第9章

直播修炼：
短视频直播造就网红经济

要点展示
- 直播内容的主要形式有哪些
- 直播有哪些典型的内容形式
- 主播的6大专业成长是什么

学前提示

如今，直播已经不再是那些"美女主播"或"草根话题人物"的专利，而是扩散到了拥有"一技之长"的专业人士身上，内容也从单纯的歌舞表演演变成才艺、美妆、电子竞技、美食、旅行、脱口秀等细分兴趣种类。

直播带货篇

9.1 直播内容的主要形式有哪些

在这个直播盛行的时代，想在直播市场中分得一杯羹的人很多，但想要取得成功并不简单。直播首先要生产传播内容，然后要有一定的粉丝支持，而且前者是后者的基础。同时，直播内容还必须具有清晰的价值观，在内容上要贴近年轻人的追求，符合他们的价值观，这样才能引起共鸣，得到他们的关注。

9.1.1 直播内容：4大主要形式

直播的内容有以下4种主要形式，如图9-1所示。

美颜装扮
- 代表人物：张沫凡、化妆师MK、腾雨佳、管阿姨等
- 内容形式：彩妆画法、服装搭配、摄影技巧、模特走秀、美容护肤等

才艺搞笑
- 代表人物：papi酱、陈翔、任天真、艾克里里、何仙姑夫、冷兔、穆雅斓等
- 内容形式：漫画、恶搞视频、八卦娱乐、网络小段子、冷笑话、影视改编、网剧等

游戏电竞
- 代表人物：韩懿莹、Misaya若风、Dopa、小苍cany、超级小智、冯亚男等
- 内容形式：英雄联盟、炉石传说、DOTA2、魔兽世界、守望先锋等热门游戏解说

文化乐活
- 代表人物：马睿、同道大树、谷阿莫、罗辑思维、毒Sir、文怡等
- 内容形式：星座娱乐、情感文章、影评文章/视频、专业顾问、美食达人、旅行玩家、音乐、舞蹈、绘画、车评等

图9-1 直播内容的4种主要形式

9.1.2 网络直播：其他内容形式

除了前面介绍的4种主要形式外，网络直播还可以拥有更多特色内容，下面将简单介绍这些内容形式及其内容要点，如图9-2所示。

教学直播：打造全新的网络互动直播教学平台，打开在线教育市场，建立互联网教育品牌

美食直播：通过食色生香的独特混搭，营造即时直接的感官体验，调动观众的触觉、嗅觉和味觉

户外直播：野外探险、旅行记录等内容都搬上了直播平台，可以满足人们的好奇心和探索欲

外语直播	以直播点播形式，为观众呈现外语新闻资讯、时尚娱乐、语言教学、谈话类节目等
财经直播	来自券商、投资咨询机构的投资顾问以及民间有理财经验的达人，成为了专业的财经主播，使更多投资者可以获得更专业的财经知识
健身直播	随着人们对健康的重视，体育大健康产业将成为未来的超级大产业，而健康达人们借助直播的力量，带来了更强的互动与参与性
宠物直播	以视频技术为核心，满足宠物爱好者的社交需求，构建有趣有爱的宠物社区

图9-2 网络直播的特色内容形式及要点

对于互联网创业者和企业来说，若想打造直播平台就必须创造出优质的超级内容，所以这需要你在综合考察市场的基础上，要充分了解当前的潮流热点和人们的消费习惯，抓住这些关键点，然后打造一个符合这些关键点的优质内容，你的直播才能吸引粉丝的追捧和用户聚焦。

9.2 直播有哪些典型的内容形式

直播内容多以才艺、游戏等形式来表现主题，如果想要自己的直播内容在众多的直播中脱颖而出，就必须打造符合用户需求的内容，做好内容运营，用高价值的内容来吸引用户，提高阅读量，带来更多流量和商机。本节将介绍6种典型的直播内容形式，以供大家了解。

9.2.1 游戏：内容玩法和市场推广是要点

游戏是最先打开视频直播市场的内容形式，从Twitch.tv将游戏作为专业内容进行直播开始，游戏直播作为一种全新的内容形态出现，一时间受到广大互联网用户的关注。同时，Twitch.tv也被亚马逊看中，并以10亿美元将其收购。

在所有的互联网产品中，游戏的用户黏性是最强的，游戏直播也很好地继承了这个属性，同时受到了资本界的关注。此时，DOTA2、LOL（英雄联盟）等竞技游戏的诞生为游戏直播平台带来了"新鲜的血液"。

同时，国内的相关企业也急速跟紧了步伐，如ACFUN与斗鱼的拆分、战旗TV的诞生、YY投资虎牙等，以及后来出现的一些垂直游戏直播平台，如全民TV、龙珠TV等，这些新的游戏直播平台改变了玩家和游戏之间的互动方式，他们不再是自己玩或者组队玩，而是大家一起观看明星名人玩游戏的过程，同时还可以进行互动交流。

当然，游戏虽然黏性高，但并没有终结直播平台的发展，随着智能手机的流行和移动网络技术的提升，以Meerkat为代表的移动直播模式成为了新趋势。例如，"小苍cany"是知名游戏解说、竞技选手，还获得了"Iron Lady国际女子魔兽邀请赛"第一届、第二届的冠军。

对于游戏直播平台来说，**内容的玩法和市场的推广**是成功的两个要点。在上面的案例中，"小苍cany"的内容玩法便是凭借行云流水般的解说、激昂的文字、动人的声音及现场感染力，深受玩家们的喜爱。

同时，通过各大直播平台和微博等社交平台进行内容推广，聚集了一群热爱游戏志同道合的粉丝，通过视频直播内容产生商业机会。游戏直播成为直播行业的重要支撑内容之一。

9.2.2 才艺：分享个人才艺来获得收入

才艺对于网络主播等内容创业者来说显得尤为重要，有才艺、高颜值是入行网络主播的主要条件，其中"有才艺"被放在了首位。才艺的范围比较广泛，这里只讨论最具代表性的音乐、舞蹈等才艺类型。

比如在YY上，好声音排位赛是YY为当红主播推出的一个演唱竞赛平台，于每周四晚上8点开播。在好声音排位赛中，观众的身份转变为裁判，他们拥有绝对的话语权，可以给喜欢的主播投票。

各个直播平台有许许多多的草根主播，其中也有很多依靠这些直播平台成长和出名的大牌主播和网红，另外，名人和明星为直播造势带来的影响力也不小。如今，直播已经进入了移动时代，"随走随看随播"成为了一种新的直播场景，并且正在朝着泛娱乐领域发展，而音乐则是"领头羊"。多元化、个性化的直播应用场景，为传统音乐市场带来了更多可能，未来将产生更多的爆款音乐。

9.2.3 动漫：经久不衰的二次元动漫文化

在所有的直播内容中，动漫虽然显得有些小众，但它却有很强的用户黏性，而且内容的持续性非常强，有的动漫作品甚至可以跨越几十年仍然经久不衰。

国内比较火爆的动漫内容直播平台主要有"A站"和"B站"，下面分别对其进行介绍。

1. A站，AcFun弹幕视频网

AcFun弹幕视频网（anime comic fun，简称"A站"），是国内首家弹幕视频网站，同时也是二次元文化的开拓者。AcFun弹幕视频网的主要特色是高质量的互动弹幕内容，这些内容都是基于原生内容的二次创作，A站将其打造成一个完整的内容生态，以此博得了广大用户的喜爱。AcFun弹幕视频网的主要用户群体为年轻的"80后""90后"以及二次元动漫核心用户，这些用户也是弹幕这种新型互动方式的推广者。

对于那些喜欢和善于创作二次元内容的创业者来说，AcFun弹幕视频网就是一个不错的内容分享平台，在此可以找到更垂直的粉丝群体，对于推广动漫内容电商产品来说更有优势。

需要注意的是，创业者在借用二次元动漫元素时，必须根据自身的品牌定位来挖掘相应的内容。

2. B站，bilibili哔哩哔哩

bilibili哔哩哔哩又称为"B站"，是一个年轻人的潮流文化娱乐社区。bilibili哔哩哔哩的特色也是"弹幕"，即用户在观看视频时可以将实时评论悬浮于视频上方，这种特性使其成为了互联网热词的产生地。

"弹幕"为用户带来了独特的观影体验，而且它基于互联网因素可以超越时空限制，从而在不同地点、不同时间观看视频的用户之间形成一种奇妙的"共时性"关系，构成一种虚拟的社群式观影氛围。

同时，通过bilibili哔哩哔哩这种二次元文化平台，动漫内容创作者可以借助这种高关注度、抢话题的热门"弹幕"内容形式来抢占粉丝，可以为直播带来较强的宣传效果。

9.2.4 语音：在情感上的表达更加丰满

如今，大数据、云计算以及移动互联网等技术水平取得了重大突破，这些技术的发展也带动了智能语音市场的壮大，还吸引了政府机构和资本市场的关注，使智能语音产业得到快速发展。

在这种大环境下，语音内容也成为了一种新型的直播内容形式。语音可以为用户带来更好的听觉体验，同时也可以使内容在情感上的表达更加丰满，加强用户对内容的记忆，或者打动他们，使他们产生情感上的共鸣。例如，懒人听书就是在这种环境下形成的一个中文有声读物交流平台，其语音内容包括主播电台、有声小说、文学名著、曲艺戏曲、相声评书、少儿、娱乐综艺等。懒人听书采用了"书籍打赏＋精品付费"的双向变现方式。

（1）**书籍打赏**。将用户喜欢或者认可的内容作为盈利点，通过用户主动打赏的方式来为主播增加收入，显得更加人性化。在收听书籍的"详情·评论"界面，点击"打赏"按钮，并选择相应的打赏金额，使用微信支付即可完成打赏操。

（2）**精品付费**。懒人听书坚持"以内容为中心"，重点推出"精品"栏目，筛选出优质的有声数据内容，并采用"免费试听前几章＋付费收听全集"的盈利模式，用户可以先体验书籍内容是否精彩、是否是自己喜欢的内容，然后再选择是否付费收听，更加自由灵活，同时也为主播带来了更多的流量。

懒人听书在构建"内容中心"的语音平台时，会进一步关注和加强优质内容生产环节。可以预见，在以"内容为王"的移动互联网直播市场中，这种信念将带领懒人听书获得更大、更好的发展。

9.2.5 搞笑：内容要多思考、多下功夫

幽默搞笑的内容形式特别受大家欢迎，这也正是如今快节奏时代下人们放松心情的最佳方式，可以给人带来一种轻松、欢快的感觉。依靠搞笑内容成名的IP大有人在，如《万万没想到》《欢乐颂》等影视作品，同时还诞生了一大批网络搞笑达人。

例如，口才伶俐、幽默滑稽的唐唐（任真天）原本是某电视的购物栏目演员，2013年底开始在优酷播出搞笑视频，从"讲段子"逐步转为电影解说。

2013年年初，任真天推出一部解说视频《致唐唐逝去的青春 多么痛的领悟 第34期》，以唐唐自称，恶搞西游而轰动互联网。这部视频的内容创意性比较强，唐唐还在视频中唱了一首"奇葩歌曲"，其点击量达到1160万（数据来源于优酷）。

在互联网中，"吐槽"成了一种普遍现象，它不以骂人为手段，不以发泄为方式，而将重点放在"娱乐性"和"无恶意"的语言上，通过内涵、隐晦、暗喻等方式揭露一些社会现象，既可以提高内容笑点博观众开心，又可以强化参与性、增加共鸣，是一种新型的内容产品。

当然，在创作这种幽默搞笑的内容时，创作者还需要多思考，结合时事热点来增强故事的代入感，多下功夫、多找资料，增强自身的趣味文学修为。

互联网中的受众大都喜欢有趣的信息，直播平台如果能做到这点，对宣传效果必定大有裨益。而对于直播平台方而言，将内容娱乐化是抓住用户的百试不爽的方法，具体的做法就是将内容转化为用户喜欢的带有趣味性的形式，让用户在感受趣味性内容的同时，接受了企业的宣传信息。

9.2.6 文学：要相信"书中自有黄金屋"

"书中自有颜如玉，书中自有黄金屋。"虽然现在是互联网当道，但文学的魅力仍然

不可抵挡。中华几千年的悠悠文化，在今天只是变换了形式，以一种崭新的面貌出现在我们面前。

当今有几大知名的文学类直播节目，大多都是由自媒体人独家打造的。如罗振宇的《罗辑思维》、高晓松的《晓松奇谈》、袁腾飞的《袁游》等。

与一般的游戏、音乐、舞蹈、动漫、搞笑等直播内容不同，文学类的直播都需要具有相当深厚的知识储备，不能泛泛而谈，空说大道理。而且这类直播通常都会选取当下热门的实事进行谈论，或者结合历史文化来谈。比如罗振宇的《罗辑思维》就是以创新、历史、社会等为主要内容，而作为《罗辑思维》的主讲人罗振宇也得到了广大网友们的推崇和支持。

此外，这种文学类的直播节目还为很多热爱文学的人们提供了譬如微信这样绝佳的互动平台，用户只要打开手机就可以与文学大师进行交流沟通。

9.3 主播的6大专业成长是什么

9.3.1 成长一：专业能力

想要成为一名具有超高人气的主播，必不可少的就是专业能力。在竞争日益激烈的直播行业，主播只有培育好自身的专业能力，才能在直播这片肥沃的土壤上扎根。

1. 才艺满满，耳目一新

首先，主播应该具备各种各样的才艺，让观众眼花缭乱，为之倾倒。才艺的范围十分广泛，主要的才艺类型有唱歌跳舞、乐器表演、书法绘画、游戏竞技等。

只要你的才艺让用户觉得耳目一新，能够引起他们的兴趣，并愿意为你的才艺付费，那么，你的才艺就是成功的。

在各大直播平台上有不计其数的主播，每个主播都拥有自己独有的才艺，谁的才艺好，谁的人气自然就高。

无论是什么才艺，只要是积极且充满正能量的，能够展示自己个性的，就会助主播的成长一臂之力。

2. 言之有物，绝不空谈

一个主播想要得到用户的认可和追随，他一定要有清晰且明确的三观，这样说出来的话才会让用户信服。如果主播的观点既没有内涵，又没有深度，这样的主播是不会获得用户长久的支持的。

那么，应该如何做到言之有物呢？首先，主播应树立正确的价值观，始终保持自己的本心，不空谈、不扯淡。

其次，还要掌握相应的语言技巧。主播在直播时，必须具备以下3大语言要素。

（1）亲切的问候语。

（2）通俗易懂。

（3）流行时尚。

最后，主播要有自己专属的观点。只有这三者相结合，主播才能达到言之有物的境界，从而获得专业能力的提升。

3. 精专一行，稳打稳扎

俗话说，"三百六十行，行行出状元"。作为一名主播，想要成为直播界的状元，最基本的就是要拥有一门最为擅长的技能。一个主播的主打特色是由他的特长支撑起来的。

比如，有人游戏水平很高，于是他专门做游戏直播；有人是舞蹈专业出身，对舞蹈又十分热爱，于是她在直播中展示自己曼妙的舞姿；有人天生有一副好嗓子，于是他在直播中与人分享自己的歌声。

只要精通一门专业技能，行为谈吐接地气，那么月收入上万元也就不是什么难事了。当然，主播还要在直播之前做足功课，准备充分才能将直播有条不紊地进行下去，最终获得良好的反响。

4. 挖掘痛点，满足需求

在主播培养专业能力的道路上有一点极为重要，即聚焦用户的痛点、痒点。主播要学会在直播的过程中寻找用户最关心的问题和感兴趣的点，从而更有针对性地为用户带来有价值的内容。

挖掘用户的痛点是一个长期的工作，但主播在寻找的过程中，必须要注意以下三点。

（1）对自身的能力和特点有充分了解，是为了认识到自己的优缺点。

（2）对其他主播的能力和特点有所了解，对比他人，学习他人的长处。

（3）对用户心理有充分的解读，了解用户需求，然后创作对应的内容满足其需求。

主播在创作内容的时候，要抓住用户的主要痛点，以这些痛点为标题，吸引用户关注，并弥补用户在社会生活中的各种心理落差，在直播中获得心理的满足。用户的主要痛点有：**安全感、价值感、自我满足感、亲情爱情、支配感、归属感、不朽感**。

9.3.2 成长二：语言能力

一个优秀的主播没有良好的语言组织能力就如同一名优秀的击剑运动员没有剑，是万万行不通的。想要拥有过人的语言能力，让用户舍不得错过直播的一分一秒，就必须从多个方面来培养。本节将告诉大家如何用语言赢得用户的追随和支持。

1. 注意思考：亲切沟通

在直播的过程中，与粉丝的互动是不可或缺的，但是聊天也不可口无遮拦，主播要学会三思而后言。切记不要太过鲁莽、心直口快，以免对粉丝造成伤害或者引起粉丝的不悦。

此外，主播还应避免说一些不利于网友形象的话语，在直播中学会与用户保持一定的距离，玩笑不能开大了，但又要让粉丝觉得你平易近人、接地气。那么，主播应该从哪些方面进行思考呢？笔者做了以下3个总结。

（1）**什么该说与不该说。**
（2）**事先做好哪些准备。**
（3）**如何与粉丝亲切沟通。**

2. 选择时机，事半功倍

良好的语言能力需要主播挑对说话的时机。每一个主播在表达自己的见解之前，都必须要把握好用户的心理状态。

比如，对方是否愿意接受这个信息，又或者对方是否准备听你讲这个事情。如果主播丝毫不顾及用户心里怎么想，不会把握说话的时机，那么只会事倍功半，甚至做无用功。但只要选择对了时机，那么让粉丝接受你的意见还是很容易的。

打个比方，如果一个电商主播，在购物节的时候向用户推销自己的产品，并承诺给用户折扣，那么用户在这个时候应该会对产品感兴趣，并且会趁着购物节的热潮毫不犹豫地下单。

总之，把握好时机是培养主播语言能力的重要因素之一，只有选对时机，才能让用户接受你的意见，对你讲的内容感兴趣。

3. 懂得倾听：双向互动

懂得倾听是一个人最美好的品质之一，同时也是主播必须具备的素质。和粉丝聊天谈心，除了会说，还要懂得用心聆听。

例如，YY知名主播李先生就是主播中懂得倾听的典型。有一阵子，有粉丝评论说他最近直播有些无聊,没什么有趣的内容,都不知道说些什么。于是,李先生认真倾听了用户的意见,精心策划了搞笑视频直播,赢得了几十万的点击量,获得了无数粉丝的好评。

在主播和用户交流沟通的互动过程中,虽然表面上看来是主播占主导,但实际上是以用户为主。用户愿意看直播的原因就在于能与自己感兴趣的人进行互动。主播要想了解用户关心什么、想要讨论什么话题,就一定要认真倾听用户的心声和反馈。

4. 沟通或竞赛:莫分高低

主播和粉丝交流沟通时要谦和一些、友好一些。聊天不是辩论比赛,没必要分出个你高我低,更没有必要因为某句话或某个字眼而争论不休。

如果一个主播想借纠正粉丝的错误,或者发现粉丝话语中的漏洞这种低端的行为来证明自己多么的学识渊博、能言善辩,那么这个主播是失败的。因为他忽略了最重要的一点,那就是直播是主播与用户聊天谈心的地方,不是辩论赛场,也不是相互攻击之所。主播与用户沟通的诀窍,笔者总结为三点,即**理性思考问题、灵活面对窘境、巧妙指点错误**。

语言能力是否优秀与主播的个人素质是分不开的。因此在直播中,主播不仅要着力于提升自身的语言能力,同时也要全方位认识自身的缺点与不足,从而更好地为用户提供服务,努力成长为高人气的专业主播。

5. 理性对待,对事不对人

在直播中会遇到个别粉丝爱挑刺儿、负能量爆棚,又喜欢怨天尤人,有的更甚,竟强词夺理说自己的权利遭到了侵犯。这个时候就是考验主播语言能力的关键时刻了。

有的脾气暴躁的主播说不定就会按捺不住心中那一时的不满与怒火,将矛头指向个体,并给予其不恰当的人身攻击,这种行为是相当愚蠢的。

作为一名心思细腻、七窍玲珑的主播,应该懂得理性对待粉丝的消极行为和言论。那么,主要从哪几个方面去做呢?笔者总结为3大点,即**善意的提醒、明确自身不对之处、对事不对人**。

一名获得成功的主播,一定有他的过人之处。对粉丝的宽容大度和正确引导是主播培养语言能力的过程中必不可少的因素之一。当然,明确的价值观也为主播的语言内容增添了不少的光彩。

9.3.3 成长三:幽默技巧

在这个人人"看脸"的时代,颜值虽然已经成为直播界的一大风向标,但想要成为直播界的大咖级人物,光靠脸和身材是远远不够的。

有人说，语言的最高境界就是幽默。拥有幽默口才的人会让人觉得很风趣，还能折射出一个人的内涵和修养。所以，一个专业主播的养成，也必然少不了幽默技巧。

1. 收集素材，培养幽默感

善于利用幽默技巧，是一个专业主播成长的必修课。生活离不开幽默，就好像鱼儿离不开水，呼吸离不开空气。学习幽默技巧的第一件事情就是收集幽默素材。

主播要凭借从各类喜剧中收集而来的幽默素材，全力培养自己的幽默感，学会把故事讲得生动有趣，让用户忍俊不禁。用户是喜欢听故事的，而故事中穿插幽默则会让用户更加全神贯注，将身心都投入到主播的讲述之中。

例如，生活中有很多幽默故事就是由喜剧的片段和情节改编而来。幽默也是一种艺术，艺术来源于生活而高于生活，幽默也是如此。

2. 抓住矛盾：摩擦火花

当一名主播已经有了一定的阅历，对自己的粉丝也比较熟悉，知道对方喜欢什么或者讨厌什么，那么就可以适当地"攻击"他讨厌的事物以达到幽默的效果。

比方说，他讨厌公司的食堂，认为那儿的饭菜实在难以下咽，那么你就可以这样说："那天我买了个包子，吃完之后从嘴里拽出了两米长的绳子。"抓住事物的主要矛盾，这样才能摩擦出不一样的火花。那么，主播在抓住矛盾、培养幽默技巧的时候，应该遵守哪些原则呢？笔者总结为6大点，即**积极乐观、与人为善、平等待人、宽容大度、委婉含蓄、把握分寸。**

总之，主播在提升自身的幽默技巧时也不能忘了应该遵守的相关原则，这样才能更好地引导用户，给用户带来高质量的直播。

3. 幽默段子：天下无敌

"段子"本身是相声表演中的一个艺术术语，随着时代的变化，它的含义不断拓展，也多了一些"红段子、冷段子、黑段子"的独特内涵，近几年频繁活跃在互联网的各大社交平台上。

而幽默段子作为最受人们欢迎的幽默方式之一，也得到了广泛的传播和发扬。微博、综艺节目、朋友圈里将幽默段子运用得出神入化的人比比皆是，这样的幽默方式也赢得了众多粉丝的追捧。例如，以"段子手"著称的歌手薛之谦就凭借其幽默的段子吸引了不少粉丝。图9-3所示为薛之谦在微博上发布的段子。

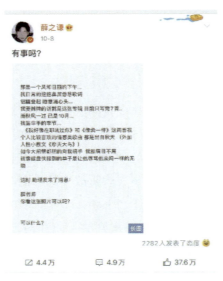

图9-3 薛之谦在微博上发布的段子

幽默段子是吸引用户注意的绝好方法。主播想要培养幽默技巧，就需要努力学习段子，用段子来征服粉丝。

4. 自我嘲讽，效果甚佳

讽刺是幽默的一种形式，相声就是一种讽刺与幽默相结合的艺术。讽刺和幽默是分不开的，要想学得幽默技巧，就得学会巧妙地讽刺。

最好的讽刺方法就是自黑，这样既能逗粉丝开心，又不会伤了和气。因为粉丝不是亲密的朋友，如果对其进行讽刺或吐槽，很容易引起他们的反感和愤怒。比如，很多著名的主持人为了达到节目效果，经常会通过自黑逗观众开心。

央视著名主持人朱军在主持新版《星光大道》时与尼格买提搭档，一老一少，相得益彰。为了改变过去自己在观众心目中的刻板形象，更接地气，朱军自黑称自己是老黄瓜、皮肤黑、身材发福等，惹得观众笑声不断。

在现在很多直播中，主播也会通过这种自我嘲讽的方式来将自己"平民化"，逗粉丝开心。如以一首《童话镇》火遍全网的主播陈一发儿，就经常在直播中自黑说："我叫陈一发，身高一米八。"

自我嘲讽这种方法只要运用得恰当，达到的效果还是相当不错的。当然，主播也要把心态放正，将自黑看成是一种娱乐方式，不要太过认真。

9.3.4 成长四：应对提问

若想成为一名优秀的主播，就需要学会随机应变。在这种互动性很强的社交方式中，各种各样的粉丝可能会向主播提问，这些活跃跳脱的粉丝多不胜数，提出的问题也是千奇百怪。

有的主播回答不出粉丝问题，就会插科打诨地蒙混过关。这种情况一次两次粉丝还能接受，次数多了，粉丝就会怀疑主播是不是不重视或者主播到底有没有专业能力。因此，学会如何应对提问是主播成长的重中之重。

1. 做好充分准备

主播在进行直播之前，特别是与专业技能相关的直播，一定要准备充分，对自己要直播的内容做足功课。就好像老师上课之前要写教案备课一样，主播也要对自己的内容了如指掌，并尽可能地把资料备足，以应对直播过程中发生的突发状况。

例如，在章鱼TV上有一个名为棋坛少帅的主播专门教授下象棋。由于象棋属于专业教学类的直播，而且爱好象棋的人数也有限，所以火热程度不如秀场直播、游戏直播那么多。但该主播十分专业，对用户提出的问题差不多都会给予专业的回答，因此得到了一些象棋爱好者的喜欢和支持。

棋坛少帅之所以能赢得粉丝的认可，除了其出色的专业能力外，还少不了他每期直播前所做的充分准备，如根据每期的特定主题准备内容、准备好用户可能提出的问题的答案等。充分的准备，就是棋坛少帅应对提问的法宝。

再比如，做一场旅行直播，主播可以不用有导游一样的专业能力，对任何问题都回答得头头是道，但也要在直播之前把旅游地点及相关知识掌握好，这样才不至于在直播过程中一问三不知，也不用担心因为回答不出粉丝的问题而丧失人气。

主播每次直播前，都会对要直播的内容做好充分的准备，如风景名胜的相关历史，人文习俗的来源、发展，当地特色小吃等。因为做了相关准备，所以在直播的过程中就能有条不紊，对遇到的事物都能侃侃而谈，对当地的食物、风土人情更是介绍得特别详细。

2. 回答热点评议的问题：客观中立

应对提问还会遇到另一种情况，回答热点评议的相关问题。不管是粉丝还是主播，都会对热点问题有一种特别的关注，很多主播也会借着热点事件来吸引用户观看。这种时候，粉丝往往想知道主播对这些热点问题的看法。

有些主播为了吸引眼球，进行炒作，就故意做出违反三观的回答。这种行为是极其错误且不可取的，虽然主播的名气会因此在短时间内迅速上升，但其带来的影响是负面的、不健康的，粉丝会很快流失，更糟糕的是，想要吸引新的粉丝加入也十分困难了。

那么，主播应该如何正确评价热点事件呢？笔者将方法总结为以下3大点：**客观中立、不违反三观、不偏袒任何一方**。

主播切记不能因为想要快速吸粉就随意评价热点事件，因为主播的影响力远远比普通人要大，言论稍有偏颇，就会出现引导舆论的情况。如果事实结果与主播的言论不符，就会对主播产生很大的负面影响。这种做法是得不偿失的。

客观公正的评价虽然不会马上得到用户的大量关注，但只要长期坚持下去，形成自己独有的风格，就能凭借正能量的形象吸引更多的粉丝。

9.3.5 成长五：心理素质

直播和传统的节目录制不同，节目录制要达到让观众满意的效果，可以通过后期剪辑来表现笑点和重点。而直播就需要主播具备良好的现场应变能力和丰厚的专业知识。

一个能够吸引众多粉丝的主播和直播节目，仅仅靠颜值、才艺、口才是不够的。直播是一场无法重来的真人秀，就跟生活一样，没有彩排。在直播的过程中万一发生了什么意外，主播一定得具备良好的心理素质，才能应对种种情况。

1. 随机应变突然断讯

信号中断，一般借助手机做户外直播时会发生。信号不稳定是十分常见的事情，有的时候甚至还会长时间没有信号。面对这样的情况，主播首先应该平稳心态，先试试变换下地点是否会连接到信号，如果不行，就耐心等待。

因为也许有忠实粉丝会一直等候直播开播，所以主播要做好向粉丝道歉的准备，再利用一些新鲜的内容活跃气氛，再次吸引粉丝的关注。

例如，在美拍美食频道的主播"延边朝鲜族泡菜君"专门直播如何制作延边美食，他在直播的时候就使用手机，因此常出现信号中断的问题。

有一次"延边朝鲜族泡菜君"在直播过程中信号突然中断，因为当天家里的Wi-Fi出现了故障，主播调整了1分钟Wi-Fi还是没能恢复正常。为了让用户能够继续观看直播，记录美食的制作过程，该主播就用数据信号进行了近半个小时的直播。尽管这次直播耗费了主播不少流量，但粉丝都对他的行为感到很温暖。因为"延边朝鲜族泡菜君"坚持做完直播，就是为了给用户一个完整的体验，很好地照顾了粉丝的心情。

"延边朝鲜族泡菜君"面对突然失去信号的反应值得每个主播学习，这样也避免了直播突然中断的尴尬，如果实在不行，就耐心等待，随后真诚地向粉丝道歉。

2. 冷静处理突发事件

各种各样的突发事件在直播现场是不可避免的。当发生意外情况时，主播一定要稳住心态，让自己冷静下来，打好圆场，给自己台阶下。

比如，湖南卫视的歌唱节目《我是歌手》第三季总决赛直播时，就发生了一件让人意想不到的事件：著名歌手孙楠突然宣布退赛。消息一出，现场的所有人包括守在电视机前的观众都大吃一惊。

作为主持人的汪涵，不慌不忙地对此事做了十分冷静的处理，首先他请求观众给他5分钟时间，然后将自己对这个突发事件的看法做了客观、公正的评价，汪涵的冷静处理让相关工作人员有了充分的时间来应对此事件。

而这个事件过后，汪涵的救场也纷纷被各大媒体报道，获得了无数观众的敬佩和赞赏，他应对突发事件的处理方法值得其他同业人员大力学习。

节目主持人和主播有很多相似之处，主播一定程度上也是主持人。在直播过程中，主播也要学会把节目流程控制在自己手中，特别是面对各种突发事件时，要冷静。主播应该不断修炼自己，多多向汪涵这样的主持人学习。

9.3.6 成长六：警惕雷区

随着直播行业的不断深入发展，直播的内容也越来越广泛。但在进行直播时，不免会走入一些误区，误区并不可怕，可怕的是连误区在哪里都不知道。本小节将带领大家一起了解直播界存在的误区，帮助大家积极采取措施来避免踏入误区或者陷入风险。

1. 盲目从众

视频直播不仅仅是一个风靡一时的营销手段，还是一个能够实实在在为企业带来盈利的优质平台。当然，企业要注意的是，不能把视频直播片面地看成是一个噱头，而是要通过视频直播大大提高营销转化的效果。

特别是对于一些以销售为主要目的的企业而言，单单利用网红打造气势，还不如直接在视频直播平台中与用户进行互动，从而调动用户参与的积极性。

比如乐直播联合家具行业的周年庆进行直播，用户不仅可以在微信上直接观看直播并分享到朋友圈，还可以在直播过程中参与抽奖，这种充满趣味性的互动，大大促进了用户与品牌的互动，从而转化为购买力。

2. 三观不正

在进行直播运营时，传递出来的价值观能体现一个直播平台的优劣。视频直播平台中的主播如若传递了错误的价值观，会给社会带来不良的影响。

（1）**粗俗**。粗俗的原意是指一个人的举止谈吐粗野庸俗，如"满嘴污言秽语，粗俗不堪"。也许你可以靠"俗"博得大家的关注提升名气，但难以得到主流社会的看好，而且存在很大的问题和风险。

因此，直播平台、产品、企业或品牌，都应该努力传递主流价值观，做一个为社会带来正能量的人。比如，我们可以借助互联网，多参与一些社会慈善和公益活动，打造一个助人为乐、传递正能量的IP形象，在互联网内容中要坚守道德底线并多弘扬社会道德，引导正面舆论，为广大网民树立正确的世界观、人生观和价值观。

（2）拜金。拜金主要是指崇拜金钱。当然崇拜金钱并没有错，商业社会中的人都是以赚钱为目的。不过，如果你唯利是图，什么事情都想着赚钱，不择手段且盲目地追求金钱，这就是一种极端错误的价值观。

我们在打造IP时，切不可盲目崇拜金钱，把金钱价值看作最高价值，必须具有"拒绝拜金，坚守自我"的心态。

（3）物欲。除了拜金外，物欲也是一种错误的人物IP价值观。物欲是指一个人对物质享受的强烈欲望，在这种欲望的冲动下，可能会做出很多错误的事情。《朱子语类》中曾说过："众人物欲昏蔽，便是恶底心。"说的就是那些疯狂追求物欲的人，他们的心灵必定会空虚，而且会经常做出一些荒唐的事情，最终只会让自己变成一个虚有其表、华而不实的人。

例如，西周时周幽王就曾自导自演了一幕"烽火戏诸侯，褒姒一笑失天下"的历史闹剧，这就是玩物丧志、色欲失心的典型案例。

因此，打造直播内容时应该使物质和精神追求相辅相成，多注重精神层次和幸福感，不能一味地追求物欲，否则你很容易被它牵着鼻子走。

3. 内容雷同

互联网上的内容平台虽然很多，但其运营模式和内容形式却千篇一律，同质化现象十分严重，这样容易让观众产生审美疲劳。在人物IP尤其是网红市场中，同质化竞争的表现主要体现在内容层次方面，典型特点是同一类型的直播内容重复，而且内容替代性强。也许你今天红了，明天就很快被别人复制并取代了。

因此，直播平台或企业在做IP内容营销时，不能一味地模仿和抄袭别人用过的内容，必须学会发散思维，摆脱老套噱头模式。我们可以从生活、学习、工作中寻找发散思维，这样才能制作出有持续吸引力的内容。当然，随着IP市场的进一步成熟，会出现更多优质的原创内容，这也是市场发展的大势所趋。人物IP必须持续地生产内容将IP延伸到各个领域，这样才可以实现更多渠道的流量变现，也才能拥有更强劲的生命力。

4. 非法侵扰

在直播内容方面，存在侵犯他人肖像权和隐私权的问题。比如一些网络直播将商场、人群作为直播背景，全然不顾别人是否愿意上镜，这种行为极有可能侵犯他人肖像权和隐私权。

隐私权的关键有两方面，第一，隐私权具有私密性的特征，权利范围由个人决定；第二，隐私权由自己控制，公开什么信息全由个人决定。

当我们处在公共领域中时，并不意味着我们自动放弃了隐私权，可以随意被他人上传至直播平台。我们可以拒绝他人的采访，也有权决定是否出现在视频直播之中，因为我们在公有空间中有权行使我们的隐私权。因此，直播的这种非法侵权行为是非常错误的。

第10章

直播运营：
抓住直播的风口快速盈利

要点展示
- 了解作用，更好地玩转抖音直播
- 如何玩转抖音直播
- 4种打造火爆直播的玩法
- 3大直播输出IP的产业链

学前提示

如今，"直播＋短视频"早已不是新鲜玩法，做直播的平台都惦记着短视频的流量，而做短视频的也都想利用直播实现变现。快手、美拍、火山小视频等短视频平台都先后上线了直播功能，甚至连电商巨头平台淘宝也上线了淘宝直播，来帮助商家引流。

抖音也在这波"直播热"浪潮中，悄然重回直播阵营，来抢占直播风口。

10.1 了解作用，更好地玩转抖音直播

抖音热门直播的上线，旨在持续输出"美好正能量"内容，同时也意味着抖音直播功能已经从之前的小范围测试，变成了大范围的生态构建，这样也免除了用户对内容的"饥饿感"。

本节主要分析引入直播对抖音的作用，具体包括获取新用户、提高活跃度、提高留存率、促进分享拉新、增强社交属性、拓展变现渠道以及承担社会责任等。

10.1.1 拉动平台用户增长

抖音平台开通直播功能究竟有什么作用？抖音的首要目的毫无疑问是获取用户，如果没有用户，就谈不上运营。

2017年年底，抖音用户增长势头正猛的时候，除了明星合作和综艺冠名的传统营销方式外，还借助"撒钱拉新"的直播互动问答来吸引新用户。当时今日头条巧用问答风口，通过"百万英雄"一个项目，一口气链接了包括抖音在内的多个产品，让直播问答发挥了同时拉动各个产品用户数据增长的功能。有数据显示，在2018年1月答题模式热度最高的时间段内，抖音的下载量超过了1150万次。

而对于抖商来说，随着抖音用户的增加，短视频的受众基础也将随之而扩大。再加上直播这种新形式的出现，让抖商多了一个宣传品牌和产品、与目标受众互动交流的平台。因此只要利用好直播，抖商的粉丝量或者说潜在消费者数量将获得一定的增加。

10.1.2 提升平台用户活跃度

看到活跃度，很多人首先会想到的指标是DAU（daily active user，日活跃用户数量）和MAU（monthly active users，月活跃用户数量），这两个数据基本上说明了一个应用当前的用户群规模。

通常活跃用户是指在指定周期内有启动应用的用户，但是启动是否真的等于活跃？如果在指定周期内只启动了一次，而且时间很短，这样的用户活跃度其实并不高。所以活跃度还要看另两个指标：每次启动平均使用时长和每个用户每日平均启动次数。当这两个指标都处于上涨趋势时，可以肯定应用的用户活跃度在增加。

开直播对活跃用户的作用主要有增加在线时长和启动频次。根据"抖音企业蓝V白皮书"报告显示，2017～2018年短视频应用总体用户规模大幅度增长，2018年4月DAU达到了1.6亿，并继续保持上涨趋势。2018年春节期间，抖音的每日活跃用户数经历了一轮"暴涨"，由不到4000万上升至近7000万，直播答题"百万英雄"活动功不可没。

2017年在谈及直播功能时，抖音曾公开对外表示，直播是一种强互动的内容形式，可以很好地维系粉丝和达人的关系。基于这种互动，此次热门直播的引入，在用户使用时长和启动次数上或将为抖音的活跃度作出贡献。

10.1.3 提高平台用户留存率

开通直播功能对于抖音的第三个作用是提高留存率，通过建立关系链来提升用户黏性，解决"用户来得快、走得也快"的问题。

抖音是一种PUGC（professional user generated content，"专业用户生产内容"或"专家生产内容"）的内容模式，是以UGC（user generated content，用户原创内容）的形式产出相对接近PGC的专业内容。

PUGC生态战略集合了UGC和PGC的双重优势，既有了UGC的广度，又可以通过PGC产生的专业化内容，从而更好地吸引和沉淀用户。这背后是抖音继承的头条系"去中心化"基因——并不依赖于抖音达人，而真正实现"内容为王"。每条抖音视频相对"公平"的竞争，确保了受众能够持续获得优质的内容。因此抖音的用户所着迷的不是那些达人，而是内容本身。

按照"强互动"说法，部分用户确实有可能基于对达人的喜爱，而提升对平台的黏性。但是，从一开始便以"去中心化"聚合的受众是否能在平台上完成这轮转化，还有待观察。

笔者发现，热门直播的推出改变了之前只能观看自己已经关注的达人直播的"等待"模式，直播也形成了一种信息流模式。无论何时，抖音首页右上角都会有一个 按钮，点击即可进入到热门直播界面，以图片列表的形式展现正在直播的抖音达人，如图10-1所示。

在热门直播中，还可以用上下滑动屏幕来自由切换直播间，如图10-2所示。即使用户关注的达人在你刷抖音时不在直播，用户也能通过刷推荐信息流一样的操作，找到想看的直播内容。自此，抖音开启了"刷"直播的新时代。

需要注意的是，当用户从一个直播刷到另

图10-1　图片列表的形式展现主播

图10-2　上下滑动切换直播间

一个直播的过程中，新直播的画面一开始是模糊的，只有当画面全部移动到新直播后，画面才会变清晰，这也是抖音直播间为了更好地呈现直播间的变换做的一个设定。

10.1.4 促进用户分享和拉新

抖音开通直播功能可以为产品注入自发传播的基因，从而促进应用的分享拉新。从"自传播"到再次获取新用户，应用运营可以形成一个螺旋式上升的轨道。

抖音直播目前通过外部链接转发，如朋友圈、微信和QQ空间等渠道，如图10-3所示，抖商可以在用户的好友中形成"自传播"，这对于拉新也起到一定的带动作用。

图10-3　抖音直播的外部链接转发渠道

10.1.5 增强平台的社交属性

目前，用户使用抖音的主要目的是追求精品化的娱乐享受，信息传播的方式更多是被动算法推荐，而不是关注式的订阅。抖音直播推出之后，因直播的强互动性，能加强精品短视频创作达人与粉丝之间的联系，"社交弱"、创作者与粉丝之间的"弱相关性"等问题或有望破冰。

直播与短视频两种业态模式上的差异如下。

（1）直播主要靠打赏提成，属于直接付费，用户黏性和关注持久度更长，甚至有感情依赖性。

（2）短视频则主要靠广告，属于间接付费，整体流量更大，但用户黏性未必高。

用户的时间是有限的，想要持续吸引用户注意力，提升用户关注时长，抖音直播功能的加入将弥补其社交短板。

虽然目前抖音短视频的评论区已形成了一种独特的社区氛围，但关注和评论这种低频单次的互动,难以让人与人之间形成密切的关系链,只能满足较弱的社交关系建立。直播则让抖音从依靠算法为主的推荐模式,逐渐向依靠订阅、互动为主的社交模式发展。

10.1.6 重视舆论导向承担责任

在移动互联网时代,流量更是一种社会责任的表现。抖音是一款记录美好生活的产品,每多一个流量入口,就更方便用户互动和交流,所以积极向上、健康有益、能够给用户带来正能量的直播更应该被平台倡导,同时直播内容的舆论导向也需给予高度重视。

抖音的最大不同是突出强调"绿色健康",进入直播间就会收到抖音倡导绿色健康直播的内容提示,如图10-4所示。

图10-4 抖音绿色健康直播的内容提示

10.2 如何玩转抖音直播

抖音直播功能自上线起就一直备受关注,有关如何开启直播的话题热度也高居不下。在抖音上线直播初期,需要拥有5万以上粉丝才拥有直播资格,但现在抖音已不设置直播门槛,对于刚起步的自媒体人而言,这无疑是一个好消息。那么在抖音直播具体应该怎么操作和运营呢?接着往下看。

10.2.1 抖音热门直播的3个重要入口

首先,我们要了解抖音的直播入口。抖音没有设置单独的直播分类入口,同时信息流里也不会出现直播内容,入口设置得非常隐蔽。目前,抖音热门直播有以下3个流量入口。

1. 抖音直播入口一

进入抖音App的"首页"或"关注"界面,在顶部的右上角点击"LIVE"按钮,即可进入直播间,如图10-5所示。

图10-5 抖音直播入口一

2. 推荐页头像入口

在信息流推荐页，虽然没有直接加入直播内容，但还是设置了一个头像入口，用户可以点击粉色圈直播标识头像进入直播间，如图10-6所示。

图10-6 推荐页头像入口

3. 主页头像入口

在个人资料界面的头像下方，如果看到"直播中"字样，则说明该用户正在进行直播，点击头像即可进入直播间，如图10-7所示。

作为短视频平台，抖音还是以短视频内容为主，采用"随缘直播"的形式，用户收不到通知。

图10-7　主页头像入口

10.2.2　抖音直播必须思考的3个问题

从2017年11月抖音传出直播功能内测，到2018年年初抖音发布招募首批主播计划的消息，直播行业内部已然涌动。

2018年春节过后，越来越多的达人在抖音上陆续拥有了直播权限，抖音本身对于直播的重视和探索也越来越深入。但2018年4月中旬，抖音方面却突然对外宣称，因提高内容审核标准和建设正能量视频内容池，将暂停直播功能，让很多用户猝不及防。

后续虽没有公布直播功能将于何时重新上线，但如今，抖音直播功能已经悄然恢复。在直播的模式上，抖音依然保持了非秀场模式的套路，以粉丝点赞作为排行，侧重达人与粉丝之间的互动性。按照一款应用的生命周期节点来分析抖音的话，对于抖音"嫁接"直播，还有3个问题值得思考。

1. 内容把控问题

在2016年爆火的网络直播，同期因内容低俗备受诟病。因为模式单一、内容低俗，直播在进入2017年后逐渐沉寂。2017年年底，直播答题换上"马甲"重出江湖，但好景不长，火热的背后是因缺乏监管而带来的风险和不良社会影响。

随后，国家新闻出版广电总局正式发出通知，要求加强管制网络视听直播答题活动。通知中明确指出，未持有《信息网络传播视听节目许可证》（下称《视听许可证》）的任何机构和个人，一律不得开办网络直播答题节目，浇灭了直播答题重现直播盛景的雄心。内容监管，对于开展直播的平台来说是个严峻的考验。

从2018年开始，短短半年时间，今日头条已经被约谈、道歉至少三次。此时如若直播再"踩雷"，会得不偿失。这背后需要强大的内容监管机制，而不仅仅是直播间里弹出的"直播内容严禁包含低俗"的提示就能解决的。

2. "去中心化"的抖音和"中心化"红人直播之间的违和嫁接问题

早在2017年抖音就曾公开表示，抖音直播一不做秀场，二不会有纯职业主播。抖音方面表示："从抖音出发，我们希望直播更多承担达人和粉丝互动交流的作用。做秀场很有可能达不成这个目标。"

按照当时的布局，直播内容要区别于一般秀场直播，带有抖音自身的特点。由此可见，抖音已经想到了与直播的牵手会有种种"违和"问题。因此，抖音希望尽量保护抖音的风格而不受直播的影响。这也就不难解释，为什么抖音的入口隐藏深，信息流里不出现直播，直播界面很不"友好"等行为了。

3. 如何创新玩法，避免透支流量？

"直播内容抖音化"又引出了第三个问题。iiMedia Research在2018年年初给出了一份数据：2017年中国在线直播用户规模达到3.98亿，预计2019年用户规模将突破5亿；相比2016年、2017年直播行业用户规模增速明显放缓，增长率为28.4%。这份数据还给出了一个方向性预测：互联网直播的"娱乐性"特征将逐渐向"工具性"特征转化。比如，"开箱直播"、在线抓娃娃直播、"淘宝直播产业化"等一系列模式，都是这一过程的代表。

直播开始谋求向"推介平台"的工具化方向转化，将较低附加值的"娱乐需求"调整至高附加值的"功能需求"。但在这一点上，如果"老铁666"时代的主播思维不改变，跟不上"工具性"特征转向，那么商业模式和玩法在两年前的"直播混战"中已经穷尽，这一轮直播的"回头路"有没有必要再走？

综上来看，目前热门直播在抖音中还处于"低到尘埃里，找都找不见"的状态，未来想要成为变现主力，还有一段较长的路程要走。

10.3 4种打造火爆直播的玩法

在运营抖音直播的过程中，一定要注意视频直播的内容规范要求，切不可逾越雷池，以免辛苦经营的账号被封。另外，在打造直播内容、产品或相关服务时，用户首先要切记遵守相关法律法规，只有合法的内容才能得到承认，才可以在互联网中快速传播。

10.3.1 建立更专业的直播室

首先要建立一个专业的直播空间，主要包括以下几个方面。

（1）直播室要有良好稳定的网络环境，保证直播时不会掉线和卡顿，影响用户的观看体验。如果是在室外直播，建议选择无限流量的网络套餐。

（2）购买一套好的电容麦克风设备，可以给用户带来更好的音质效果，同时也将自己的真实声音展现给他们，如图10-8所示。

（3）购买一个好的手机外置摄像头，如图10-9所示，让直播效果更加高清，给用户留下更好的外在形象，当然也可以通过美颜等效果来给自己的颜值加分。

图10-8　直播专用的手机麦克风设备

图10-9　高清直播摄像头

其他设备还需要准备桌面支架、三脚架、补光灯、手机直播声卡以及高保真耳机等。例如，直播补光灯可以根据不同的场景调整画面亮度，具有美颜、亮肤等作用，如图10-10所示。

手机直播声卡可以高保真收音，无论是高音或低音都可以真实还原，让你的歌声更加出众，如图10-11所示。

图10-10　Led环形直播补光灯

图10-11　手机直播声卡

10.3.2 设置一个吸睛的封面

抖音直播的封面图片设置得好,能够为各位主播吸引更多的粉丝观看。目前,抖音直播平台上的封面都是以主播的个人形象照片为主,背景以场景图居多。抖音直播封面没有固定的尺寸,不宜过大也不要太小,只要是正方形等比就可以,但画面要做到清晰美观。

10.3.3 选择合适的直播内容

抖音直播的内容目前以音乐为主,不过也有其他类型的直播内容在进入,如美妆、美食、"卖萌"以及一些生活场景直播等。

从抖音的直播内容来看,都是根据抖音社区文化衍生出来的,而且也比较符合抖音的产品气质。

在直播内容创作中,以音乐为切入点可以更快地吸引粉丝关注,在更好地传播好音乐内容的同时,也可以让主播与粉丝同时享受到近距离接触的快感。

10.3.4 掌握直播的互动技巧

抖音没有采用秀场直播平台常用的"榜单PK"等方式,而是以粉丝点赞作为排行依据,这样可以让普通用户的存在感更强。

下面介绍抖音直播的几种互动方式。

(1)**评论互动**。用户可以点击"说点什么"来发布评论,此时主播要多关注这些评论内容,选择一些有趣的和实用的评论进行互动,如图10-12所示。

图10-12　发布评论

（2）**礼物互动**。礼物是直播平台最常用的互动形式，抖音的主播礼物名字都比较特别，不仅体现出浓浓的抖音文化，同时也非常符合当下年轻人的使用习惯以及网络流行文化，如"许愿星""纸飞机""棒棒糖""小心心""浪漫马车""锦鲤"等，如图10-14所示。

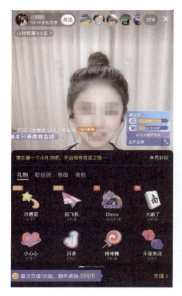

图10-13　主播礼物

（3）**点赞互动**。用户还可以给喜欢的主播点赞，增加主播人气。主播的总计收入是以"音浪"的方式呈现的，粉丝给主播的打赏越多，获得的人气越高，收入自然也越高。

10.4　3大直播输出IP的产业链

从YY开始直播之路至今，直播市场已经得到了8年多的发展，尤其是2013年的游戏直播兴起，互联网上涌现了一大批直播平台。如今，直播行业进入了发展的高峰期，同时直播、主播类人物IP也正式形成了一套完善的输出产业链。

10.4.1　主播：才艺内容与平台扶持是关键

要想成为直播主播，首先你需要有一技之长，这样才能吸引网友关注。例如，美国男歌手查理·普斯（Charlie Puth）就是依靠唱歌这门才艺，从网红跨越到"真正的歌星"。

最开始，查理·普斯是将自己演唱的歌曲发布到社交平台来吸引粉丝关注，得到一定的粉丝数量后便开始发表个人原创专辑。

当然在国内，主播们除了自己拥有才艺内容外，还需要直播平台的扶持，才能完成从网红到网红经济的跨越，实现其名利双收的IP价值。如图10-14所示，打造网红主播的平台主要包括社交平台、网红经纪公司、供应链生产商或平台。

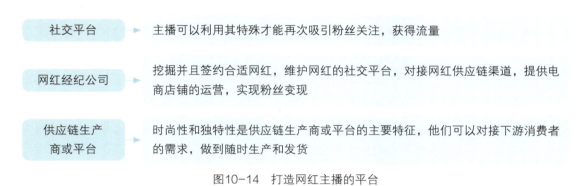

图10-14 打造网红主播的平台

同时，这些平台也在相互渗透。例如，作为移动设计平台"领导者"的手机QQ也在一级菜单中推出"直播"入口。这种改变，使主播们实现了引流和内容发布等供应链的集中，进一步缩短了粉丝变现的途径。

可以发现，如今直播已经成为包括QQ、微博、微信等社交平台在内的互联网流量中心，主播们强大的粉丝黏性将为这些供应链平台带来更多的价值。

10.4.2 公会：打造IP为娱乐带来新生态

大部分的主播都会有一个"所属公会"，而且这些公会通常会占据主播收入的一定比例的抽成。公会在直播行业的供应链中占据很重要的地位，他们不但控制了下游的主播，而且还拥有强大的营销、市场、传播、技术等能力。

尤其在以主播为内容本身的秀场直播中，公会对于平台的价值非常大，他们管理着大批的优质主播，而且也不断向平台输送内容，图10-15所示为公会对于直播供应链的作用。

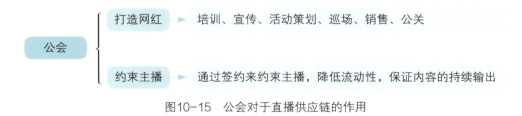

图10-15 公会对于直播供应链的作用

其实，公会本质上就是一个小型的经纪公司，并且构建了主播的三级经济链条。对于那些拥有好的内容，而且播出时间比较稳定的主播，公会会进行推荐，从而将普通的网红炒红。公会与经纪公司的目的是一致的，他们都是为了向直播行业输送最优质的IP，不断培养优秀的内容创作者，打造娱乐新生态。

10.4.3 平台：完善产业链构建新商业模式

好的直播平台可以快速吸引主播入驻，这些主播也能为平台带来更多的用户和收入，网络主播通过输出内容，能让直播平台实现变现；而直播平台能让网络主播实现粉丝的快速积累和沉淀。

各种直播平台的出现也让IP争夺越来越激烈，很多平台开始借势于电视剧、电影、综艺等热门IP，帮助平台吸引更多新用户。例如，2016届超级女声长期在芒果TV、花椒等平台上直播，可以为湖南卫视带来了更多的用户。

同时，在各种直播平台上，用户不但可以看到熟悉的网红主播，而且还能看到很多明星艺人的直播。这些影视综艺IP与直播平台的合作，对于双方来说是一件互惠互利的事情。对于直播平台来说，主播、明星、企业等IP都拥有自身的定位和功能，他们自上而下在平台上的结合，可以形成一条完整的产业链结构，并逐渐形成一种新的商业模式。

带货
变现篇

第11章

高效变现：
轻松实现年赚百万

要点展示

- 如何利用商品或服务实现变现
- 抖音上最容易变现的3大内容
- 借助粉丝力量的几种变现方式

学前提示

为什么要做抖商？对于这个问题，许多人最直接的想法可能是借助抖音赚到一桶金。

确实，抖音是一个潜力巨大的市场。但是，它同时也是一个竞争激烈的市场。所以，要想在抖音中变现，轻松赚到钱，抖商还得掌握一定的变现技巧。

11.1 如何利用商品或服务实现变现

对于抖音电商运营者来说，抖音最直观、有效的盈利方式当属用商品或服务变现了。借助抖音平台销售产品或服务，只要有销量就有收入。具体来说，用产品或服务变现主要有4种形式，即自营店铺直接卖货、帮人卖货赚取佣金、开设课程招收学员和有偿服务获取收益，本节笔者将分别进行解读。

11.1.1 自营店铺直接卖货

抖音短视频最开始的定位是一个方便用户分享美好生活的平台，而随着商品分享、商品橱窗等功能的开通，抖音短视频开始成为一个带有电商属性的平台，并且其商业价值也一直被外界所看好。

对于拥有淘宝等平台店铺和开设了抖音小店的抖音运营者来说，通过自营店铺直接卖货无疑是一种十分便利、有效的变现方式。如前文中提到过的商品橱窗，抖音电商运营者只需在商品橱窗中添加自营店铺中的商品，或者在抖音短视频中分享商品链接，其他抖音用户便可以点击链接购买商品，而商品销售出去之后，抖音电商运营者便可以直接获得收益。

11.1.2 帮人卖货赚取佣金

抖音短视频平台的电商价值快速提高，其中一个很重要的原因就是随着精选联盟的推出，抖音用户即便没有自己的店铺也能通过帮他人卖货赚取佣金。也就是说，只要抖音账号开通了商品橱窗和商品分享功能，便可以通过引导销售获得收益。

图11-1 添加商品时查看每单的收益

当然，在添加商品时，抖音电商运营者可以事先查看每单获得的收益。以女装类商品为例，抖音电商运营者可以直接搜索女装，查看相关产品每单可获得的收益。

如果想要提高每单可获得的收益，还可以点击"佣金率"按钮，让商品按照每单可赚取的收益进行排列，如图11-1所示。

商品添加完成之后，通过其他用户点击商品橱窗中的商品或短视频的商品链接购买商品，抖音电商运营者便可以按照表示的佣金获得收益了。佣金获取之后，只需进行提现操作，便可以拿到收益。

11.1.3 开设课程招收学员

对于部分自媒体和培训机构来说，可能自身是无法为消费者提供实体类商品的。那么对于他们来说，是不是抖音短视频平台的主要价值就是积累粉丝，是进行自我宣传的一个渠道呢？

很显然，抖音短视频平台的价值远不止如此，只要自媒体和培训机构拥有足够的干货内容，同样是能够通过抖音短视频平台获取收益的。比如，可以在抖音短视频平台中通过开设课程招收学员的方式，借助课程费用赚取收益。

11.1.4 有偿服务获取收益

有的抖音账号既不能为消费者提供实体类的商品，也没有可供开设课程的干货内容。那么，这一类抖音账号该如何进行变现呢？其实，如果能够在抖音短视频平台中提供有偿服务，同样也是能够获得收益的。图11-2所示为某抖音账号中的高清四维彩超服务。

图11-2　某抖音账号的高清四维彩超服务

11.2 抖音上最容易变现的3大内容

了解变现的方法之后，我们再来看抖音上的什么内容容易变现？接下来，笔者要给大家推荐抖音最容易变现的内容，帮大家把产品卖到脱销。

11.2.1 好物推荐：抖音种草号的内容

这类指的是抖音种草号，相信有不少玩抖音的朋友就是被种草号的内容所吸引，然后激发出了你的需求，尤其是有很多人在留言评论区都在说已下手的时候，你一看也没多少钱，就情不自禁地"剁手"了。

做这类视频，需要具备良好的选品眼光，就是你要知道哪些产品能够被人喜欢，并且是人人都用得着、买得起的产品。在做之前你要先思考要做什么品类的产品，你选的产品方向一定是越垂直越好。例如，是推荐服装类、玩具类或者生活类等。

做种草号，好的产品是基本。即使你拍的内容再好，若选择的商品不符合用户需求，那作品就算有再多人看也白搭，没有销售转化的内容就是在"耍流氓"。因为做种草号的目的就是为了赚钱，不然花那功夫干什么呢？

抖音产品选择有7个原则，分别是新、奇、特、展、利、品、高。我们先说新、奇、特。这里的"新"，指的是新鲜感，用户很少见；"奇"指的是有创意，让用户感到意外；"特"指的是特别，完全颠覆了用户的固有认知。

大家可能发现抖音上卖的大部分爆款商品都符合"新""奇""特"原则。如图11-3所示的短视频中展示的画笔，就是我们生活中比较少见的，而且是让人感觉很有创意的产品。因此，许多抖音用户在看到该短视频之后，马上就对短视频中的笔心动了。

"展"指的是容易用视频展示商品的使用场景。这点很重要，在选择商品的时候，你就要思考能不能把它的特点和优点展现出来，如果不能是很难打动用户的。

图11-3 展示多色画笔

"利"指的是利润。我们做种草号一定是追求利润最大，所以我们在选择商品的时候除了看这个商品的佣金外，还要看这个商品的往期销量。

另外在这里要跟大家说下，在抖音不适合卖高客单价的商品，只要入手价格超过60元，销售转化率就会特别低，也就是说买的人会特别少。因为现在资讯发达，人们都会货比三家，只要价格一高，就一定会去别的平台比价。如果真的有需要也肯定是在外部其他平台成交，而不会选择在抖音里购买。

"品"指的是品质，这是一个好商品的及格线。你挑选的商品质量一定要过关，不能以次充好。大家在挑选商品的时候，一定要先看评价，如果评价比较差，即使佣金再高你也不能卖。因为这是一个做人标准的问题，而且也直接影响着用户的信任感。我们不能消耗抖音用户的信任，毕竟我们要做长期的生意。

"高"也就是高频刚需的产品。为什么宝洁公司可以屹立一百多年不倒，成为全球最大的日常消费品公司？因为飘柔、舒肤佳等品牌商品对用户来说都极其高频刚需，这些高频刚需的商品往往售价低廉，一旦商品展示中有能戳中用户的点，用户就很容易做出购买决策。

下面是笔者总结的两个选品技巧。

一是你选产品的时候一定要先参考同行数据，看他们此类产品的销量如何，卖得好一定是有原因的，然后你就要快速跟进，做出差异化的内容。

二是你选择的产品，一定要满足新奇特。什么意思呢？就是推荐的产品最好是大家在市面上比较少见，而且感觉非常特别的东西，如果是人人都能在街边买到的东西，那你就不要推荐了。

11.2.2 产品测评：能立马变现的内容

这类指的是测评类账号，例如，抖音头部"老爸评测"这个千万级别的账号，就是挑粉丝感兴趣的产品，主要测试效果、成分、质量和性价比等，并在测试的同时为抖音用户提供安全、放心的产品，如图11-4所示。

当然，我们不用像"老爸评测"那样做得那么专业，你可以选择一些大号们还没有测

图11-4 "老爸评测"发布的短视频和相关商品详情

评的领域。比如，你可以测评线上课，看课程的收获以及知识点是否丰富等。这里要提示一下大家，测评原则讲究的是保持中立的态度，通过你使用的真实感受，它好就是好，不好就是不好，你一定要客观中立。

11.2.3 做好这几步让你的产品卖脱销

看到这小节的标题，是不是有很多朋友想想就有点小激动？大家都知道抖音火了，不仅留住了抖友们的时间，还有意无意成为带货小能手，打造了很多爆款。这波黑洞般的带货能力连卖家都猝不及防，没有一点点防备，产品莫名其妙就卖到脱销。

"抖音同款"4个字俨然已成为各个电商平台的大IP，千奇百怪的同款搜索多到你都怀疑人生。之所以人家的产品卖脱销，最核心的秘诀就是我们常说的一个词："网红基因"。那究竟做好哪几步才能让我们自己的产品能够跟抖音同款一样，成为爆款卖到脱销呢？笔者认为主要有如下4步。

1. 打造专属场景互动

打造专属场景指的是在熟悉的场景，利用社交媒体进行互动。例如，在吃海底捞的时候，有网友自创网红吃法，像自制调料、自制锅底、自制涮菜。如图11-5所示为"海底捞"话题的相关页面，可以看到其短视频的播放量达到了45.3亿，很多短视频动不动就拿下几万个点赞。

图11-5 "海底捞"话题的相关页面

在抖音的传播下，海底捞那段时间的营业额提高了很多，直到现在还有人去海底捞专门点网红套餐。这一点，大家可以根据自己的产品，在粉丝熟悉的场景制作一些互动视频，如果没有也可以找一些合适的热点来"蹭"。

2. 你的产品要简单实用

抖音上有一款99元包邮的网红薄饼机被"种草"很久，"手残党"用上它也能快速做出一张薄如蝉翼的饼。视频中在薄饼机上沾上面糊翻转过来，只需等一会饼就烙好了，非常方便。该薄饼机很快就受到了抖音用户的欢迎，其中一家店铺的销量更是超过了4万台，如图11-6所示。

图11-6 薄饼机的短视频和商品详情页面

有了这个机器，像笔者这种"摊饼无能"人士也能分分钟做出大师级水准，很多对生活品质有要求的"懒人一族"看到这款产品都抢疯了。如果自己的产品符合这一点，就可以在视频中展示使用过程，将简单实用体现出来。

3. 制造传播的社交货币

这是什么意思呢？很多产品爆火的背后，并不是因为它的实用价值，而是因为它具备社交属性。例如，曾经在网上卖到断货的小猪佩奇手表。它的爆火是因为这个手表比其他手表质量更好、更好用吗？不是。是因为"小猪佩奇身上纹，掌声送给社会人"这句话让我跟别人不一样，这款手表让我有了身份认同感和更多的谈资。

所以，大家在传播自己产品的时候一定要有意识地打造属于产品的社交货币，让你的产品能够帮用户贴上更多无形的东西，这样你的产品才能得到更多传播和认同。

4. 你的产品性价比要高

相信这点大家比较好理解，就是你的产品除了质量过硬外，价格还要亲民。你注意看所有爆款的产品，价格都不会太高。这主要是因为再好的东西，消费者也会货比三家。如果你卖的价格比较便宜，性价比高，消费者自然会选择你的产品。

图11-7所示为两家店铺的红心火龙果的相关页面，可以看到，同样是10斤的重量，其中一家店铺的价格是39.9元，另一家店铺的价格却达到了88.88元。面对如此大的价格差距，相信大部分消费者都会选择价格相对较低的一家店铺进行购买。而这两家店铺的红心火龙果销量也很好地说明了问题。

图11-7　两家店铺的红心火龙果

以上4步就是让你产品卖脱销的核心秘诀，你记住了吗？继续给大家留作业，如果你自己有产品，思考一下你的产品该如何体现和打造以上4步？如果没有产品的朋友，你也不用担心，思考一下市面还有哪些产品符合以上这4步？

11.3 借助粉丝力量的几种变现方式

抖音是一个流量巨大的平台，对于抖音电商运营者来说，借粉丝的力量变现不失为一种不错的生财之道。

借助粉丝力量变现的关键在于吸引抖音用户观看你的抖音短视频，通过短视频内容引导抖音用户，从而达成变现的目的。一般来说，借助粉丝力量变现主要有4种方式，这一节笔者将分别进行解读。

11.3.1 将流量引至实体店

抖音用户都是通过抖音短视频App来查看线上发布的相关短视频，而对于一些在线上没有店铺的抖商来说，要做的就是通过短视频将线上的抖音用户引导至线下，让抖音用户到店打卡。

如果抖商拥有自己的线下店铺，或者有跟线下企业合作，则建议大家一定要认证POI，这样可以获得一个专属的唯一地址标签，只要能在高德地图上找到你的实体店铺，认证后即可在短视频中直接展示出来。抖商及其他抖音用户在上传视频时，如果给视频进行定位，那么只要点击定位链接，便可查看店铺的具体信息和其他用户上传的与该地址相关的所有视频。

除此之外，抖音电商运营者将短视频上传之后，附近的抖音用户还可在同城版块中看到你的抖音短视频。再加上POI功能的指引，便可以有效地将附近的抖音用户引导至线下实体店。具体来说，其他抖音用户可以在同城版块中通过如下操作了解线下实体店的相关信息。

步骤 01 登录抖音短视频App，在"首页"的视频播放界面中点击下方"同城"按钮，如图11-8所示。

步骤 02 进入同城版块，在该版块中可以看到同城的直播和短视频，如果店铺位置进行了POI认证，其抖音短视频下方便会出现 图标。抖音用户可以点击对应的短视频进行查看，如图11-9所示。

步骤 03 进入抖音短视频播放界面后，接着点击 图标对应的位置，如图11-10所示。

步骤 04 操作完成后，便可查看该店铺的相关信息，如图11-11所示。除此之外，抖音用户还可直接点击界面中的定位，借助导航功能直接去线下实体店打卡。

抖音电商运营者可以通过POI信息界面，建立与附近粉丝直接沟通的桥梁，向他们推荐商品、优惠券或者店铺活动等，从而有效地为线下门店导流，同时能够提升转化效率。

图11-8　点击城市名按钮

图11-9　点击对应的短视频

图11-10　点击📍图标对应的位置

图11-11　查看店铺的相关信息

POI的核心在于用基于地理位置的"兴趣点"来链接用户痛点与企业卖点,从而吸引目标人群。大型的线下品牌企业还可以结合抖音的POI与话题挑战赛来进行组合营销,通过提炼品牌特色,找到用户的"兴趣点"来发布相关的话题,这样可以吸引大量感兴趣的用户参与,同时让线下店铺得到大量曝光,而且精准流量带来的高转化也会为企业带来高收益。

例如,"长沙海底世界"是一个非常好玩的地方,长沙地区的许多人都会将其作为节假日的重点游玩选项。

基于用户的这个"兴趣点"，在抖音上发起了"#长沙海底世界"的话题挑战，并发布一些带POI地址的景区短视频，对景区感兴趣的用户看到话题中的视频后，通常都会点击查看。此时进入到POI详情页即可看到长沙海底世界的详细信息，如图11-12所示。这种方法不仅能够吸引粉丝前来景区打卡，还能有效提升周边商家的线下转化率。

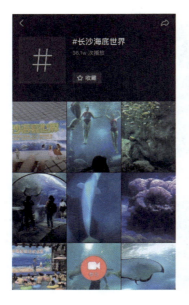

图11-12 "话题＋POI"营销示例

在抖音平台上，只要有人观看你的短视频，就能产生触达。POI拉近了企业与用户的距离，在短时间内能够将大量抖音用户引导至线下，方便品牌进行营销推广和商业变现。而且POI搭配话题功能和抖音天生的引流带货基因，同时也让线下店铺的传播效率和用户到店率得到提升。

11.3.2 通过直播获取礼物

对于那些有直播技能的主播来说，最主要的变现方式就是通过直播来赚钱了。粉丝在观看主播直播的过程中，可以在直播平台上充值购买各种虚拟的礼物，在主播的引导或自愿情况下送给主播，而主播可以从中获得一定的比例提成以及其他收入。

这种变现方式要求人物IP具备一定的语言和表演才能，而且要有一定的特点或人格魅力，能够将粉丝牢牢地"锁在"你的直播间，而且还能够让他们主动为你花费钱财购买虚拟礼物。

直播在许多人看来就是在玩，毕竟大多数直播都只是一种娱乐。但是不可否认的一点是，只要玩得好，玩着就能把钱给赚了。因为主播们可以通过直播获得粉丝的打赏，而打赏的这些礼物又可以直接兑换成钱。

当然，要通过粉丝送礼玩着就把钱赚了，首先需要主播拥有一定的人气。这就要求主播自身要拥有某些过人之处，只有这样才能快速积累粉丝数量。

11.3.3 打造社群寻找商机

在抖音短视频平台上运营一段时间之后，随着知名度和影响力的提高，如果你在抖音中留下了微信等联系方式，便会开始有人申请加你为好友。

我们可以好好利用这些人群，从中寻找商机。这些来自抖音的人群，都有具体的需求，有的人是想学习抖音如何运营，有的人是想学习如何做营销。对此，我们可以根据人群的具体需求进行分类，然后将具有相同需求的人群拉进同一个微信群，构建社群，通过社群的运营寻找更多商机。

11.3.4 让粉丝流向其他平台

部分抖商可能同时经营多个线上平台，而且抖音还不是其最重要的平台。对于这一部分抖商来说，通过一定的方法将抖音粉丝引导至特定的其他平台，让抖音粉丝在目标平台中发挥力量就显得非常关键了。

一般来说，在抖音中可以通过两种方式将抖音用户引导至其他平台：一是通过链接引导；二是通过文字、语音等表达进行引导。

通过链接导粉比较常见的方式就是在视频或直播中将销售的商品插入其他平台的链接，此时，抖音用户只需点击链接，便可进入目标平台。

而当抖音用户进入目标平台之后，抖音电商运营者则可以通过一定的方法，如发放平台优惠券，将抖音用户变成目标平台的粉丝，让抖音用户在该平台上持续贡献购买力。

通过文字、语音等表达进行引导的常见方式就是在视频、直播等过程中，简单地对相关内容进行展示，然后通过文字、语音将对具体内容感兴趣的抖音用户引导至目标平台。

第12章

广告带货：
软植入实现品牌合作营销

要点展示
- 广告植入的5大常用类型
- 抖商如何进行广告合作变现
- 抖音带货视频广告的6大技巧

学前提示

广告变现是目前抖音最常用的变现形式，一般是按照粉丝数量或者浏览量来进行结算，广告形式通常为软广告，将品牌或产品巧妙地植入到短视频中，来获得曝光。本章主要讲述抖音短视频通过广告进行商业变现的技巧和方式。

12.1 广告植入的5大常用类型

不管是之前的传统媒体还是现在的新媒体最常见到的宣传推广手段基本都是广告，比如，以前经常看到的报纸广告、杂志广告、电视广告，或者是现在的互联网平台广告、兴起的短视频自媒体广告，都是一些品牌商和广告主利用平台来进行商品推广的地方。

那么，本节就来讲讲，比较常用的广告植入类型有哪些，它们的优势和劣势分别又是什么呢？

12.1.1 优势明显的贴片广告

贴片广告是通过展示品牌本身来吸引大众注意的一种比较直观的广告变现方式，一般出现在片头或者片尾，紧贴着视频内容。图12-1所示为海尔企业的贴片广告案例，品牌的LOGO一目了然。

这种贴片广告一般都是放在广告的最末尾，也就是广告快要结束的时候会停留几秒的画面，这种视频广告也是用得最多的一种。

图12-1　贴片广告

贴片广告的优势有很多，这也是其比其他的广告形式更容易受到广告主青睐的原因，具体优势包括以下几点。

（1）**明确到达**。想要观看视频内容贴片广告是必经之路。

（2）**传递高效**。和电视广告相似度高，信息传递更为丰富。

（3）**互动性强**。由于形式生动立体，互动性也更强。

（4）**成本较低**。不需要投入过多的经费，播放率也较高。

（5）**可抗干扰**。广告与内容之间不会插播其他无关内容。

12.1.2 独具创意的植入广告

在短视频中植入广告，即把短视频内容与广告结合起来，一般有两种形式：一种是硬性植入，不加任何修饰硬生生地植入视频之中；另一种是创意植入，即将短视频的内容、情节很好地与广告的理念融合在一起，不露痕迹，让观众不容易察觉。相比较而言，很多人认为第二种创意植入的方式效果更好，而且观众接受程度更好。

在短视频领域中，广告植入的方式除了可以从"硬"广和"软"广的角度划分外，还可以分为台词植入、剧情植入、场景植入、道具植入、奖品植入以及音效植入等植入方式，具体介绍如图12-2所示。

台词植入	视频主人公通过念台词的方法直接传递品牌的信息、特征，让广告成为视频内容的组成部分
剧情植入	将广告悄无声息地与剧情结合起来，如演员收快递时，吃的零食、搬的东西以及逛街买的衣服等，都可以植入广告
场景植入	在视频画面中通过一些广告牌、剪贴画、标志性的物体来布置场景，从而吸引观众的注意
道具植入	让产品以视频中的道具身份现身，道具可以包括很多东西，比如手机、汽车、家电、抱枕等
奖品植入	很多自媒体人或者网红为了吸引用户的关注，往往会通过抽奖来提升用户的活跃度，激励他们点赞、评论、转发。同时他们还会在视频中提及抽奖信息，并在视频结尾植入奖品的品牌信息
音效植入	用声音、音效等听觉方面的元素对受众起到暗示作用，从而传递品牌的信息和理念，达到广告植入的目的。比如各大著名的手机品牌都有属于自己的独特铃声，人们只要一听到熟悉的铃声，就会联想到手机的品牌信息

图12-2　视频植入广告的方式举例介绍

12.1.3 量身定做的品牌广告

品牌广告的意思就是以品牌为中心，为品牌和企业量身定做的专属广告。这种广告形式从品牌自身出发，完全是为了表达企业的品牌文化、理念而服务，致力于打造更为自然、生动的广告内容。这样的广告变现更为高效，其制作费用相对而言也比较昂贵。

以抖音达人围绕"法儿家"品牌打造的一则视频广告为例，如图12-3所示，这种类型的广告是直接将抖音IP名字选用淘宝店铺的名字，以此来为自家店铺引流。

图12-3 "法儿家"打造的品牌广告

在短视频中，通过vlog的形式记录为店铺挑选新品的过程，同时可参与话题活动"#vlog日常""#1111抖音好物发现节"，整个视频广告都围绕"穿搭"展开，自带话题性，吸引用户眼球。当视频展示一段时间后，植入引导用户购买的更清晰的链接，短时间内就收到了上万的抖音用户点赞。

用这种方法宣传品牌的广告还有很多，大多都是其平台和淘宝是一体的，只不过跟"法儿家"不同的是，抖音平台IP和淘宝店铺上面的名字有些是不一样的。

在这样的情况下，想要让用户购买和实现短视频营销变现就更容易了。由此可见，品牌广告的变现能力是相当高效的，与其他形式的广告方式相比针对性更强，受众的指向性也更加明确。

12.1.4 双方变现的冠名广告

冠名广告，顾名思义就是在节目内容中提到名称的广告，这种打广告的方式比较直接，相对而言较生硬。主要的表现形式有以下3种。

（1）片头标板。节目开始前出现"本节目由××冠名播出"。

（2）主持人口播。每次节目开始时说"欢迎大家来到××"。

（3）片尾字幕鸣谢。出现企业名称、LOGO、"特别鸣谢××"。

在短视频中，冠名广告同样也比较活跃，一方面企业可以通过资深的自媒体人（网红）发布的短视频打响品牌，树立形象，吸引更多忠实客户；另一方面短视频平台和自媒体人（网红）可以从广告商处得到赞助，双方成功实现变现。

图12-4所示为一个比较火的综艺节目,它的冠名商是京东,在播放前直接在画面中插播广告,表明节目冠名商。

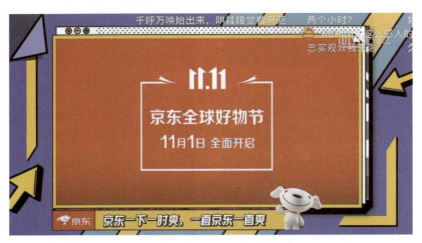

图12-4 冠名广告示例1

再比如,另外一个比较火的综艺节目叫《大冰小将》,它的冠名商是"999小儿感冒灵",节目给冠名商打广告是直接在采访人物旁边放产品或者直接在节目中随处可见商品LOGO,如图12-5所示。像这种冠名广告非常多,在电视上应用得非常广泛,大多都是以电视节目或者是视频方式呈现给大众。

需要注意的是,冠名广告在短视频领域的应用还不是很广泛,原因有两点:一是投入资金比例大,因此在选择投放平台和节目的时候会比较慎重;二是很多有人气、有影响力的短视频自媒体人不愿意将冠名广告放在片头,而是放在片尾,目的是不影响自己视频的品牌性。

图12-5 冠名广告示例2

12.1.5 有利有弊的浮窗广告

浮窗LOGO也是广告变现形式的一种,即视频在播放的过程中悬挂在视频画面角落里的标识。

这种形式在电视节目中经常可以见到,如图12-6所示,以综艺节目《奔跑吧兄弟第一季》为例,右下角是vivo手机的浮窗LOGO。但在短视频领域应用得比较少,可能是因为广告性质过于强烈,受到相关政策的限制。

图12-6 《奔跑吧兄弟》的浮窗LOGO

以开设在浙江卫视的综艺节目《王牌对王牌》为例,由于"UC"给这个综艺节目赞助了,因此视频节目的右上角也设置了浮窗LOGO,如图12-7所示。LOGO和节目名字的结合,不影响整体视觉效果。

图12-7 《王牌对王牌》的浮窗LOGO

浮窗LOGO是广告变现的一种巧妙形式,同样它也是兼具优缺点的,具体来说,它的优点和缺点分别是什么呢?如图12-8所示。

| 优点 ▶ | 展现的时间长，而且不会过多地影响观众的视觉体验 |

| 缺点 ▶ | 一般放在画面的角落等隐蔽的地方，特别容易被用户忽视 |

图12-8　浮窗LOGO的优点和缺点

浮窗LOGO具有两面性，但总的来说，它还是不失为一种有效的变现方式。自媒体人或者网红如果想要通过广告变现获得收益，不妨试试这一利弊兼具的模式。

12.2 抖商如何进行广告合作变现

移动互联时代的发展，带来了巨大的用户红利，数以亿计的用户成为移动互联用户，在此基础上短视频市场爆发式增长。如今，短视频的商业变现模式已经基本成熟，其中广告变现首当其冲，成为主流变现方式，适用于90%以上的团队。

所以对于抖商来说，越早制定你的广告变现逻辑和产品线，就越有机会获得广大品牌主的青睐。

12.2.1　了解短视频广告合作中的角色

抖商要想通过短视频广告来赚钱，就必须清楚它的基本组成角色和流程。短视频广告合作中所涉及的角色主要包括广告主、广告代理公司以及短视频团队。

1. 广告主

广告主也就是品牌、企业或者商家等有推广需求的人或组织，是广告活动的发布者，或者是销售或宣传自己产品和服务的商家，同时也可能是联盟营销广告的提供者。通俗点说，广告主就是出钱做广告的人。

近年来，在视频移动化、资讯视频化以及视频社交化趋势的带动下，加速了移动短视频的全面井喷爆发，同时也让流量从PC端大量流入移动端。短视频广告不仅投入成本比传统广告更低，而且覆盖的人群也更加精准，同时植入产品的成长性更强，可以有效触达品牌受众。因此，为品牌进行定制化的短视频广告，成为了广告主采购时的标配。

2. 广告代理公司

广告代理公司扮演了一个非常专业的角色，能够为广告主提供定制化的全流程广告代理服务，同时拥有更多的广告渠道资源和达人资源，能够制作精美的、贴合品牌调性的短视频广告。

当然，在短视频广告变现流程中，广告代理公司的角色是可有可无的，因为广告主可以直接和达人对接，能够节省大量的广告费用，同时达人也能够获得更多收益。但是，很多大型企业和大品牌仍然会选择广告代理公司来合作，不仅仅是因为他们的渠道和资源优势，他们的渠道管理能力和视觉包装能力也是小团队不能比的。广告代理公司通常会实行集中化和标准化运作，在整体规划下进行专业化分工，使复杂的短视频广告业务简单化，以提高经营效益。

3. 短视频团队

短视频团队是短视频广告变现最终的"落地者"，他们肩负了策划拍摄、内容制作、后期剪辑等一系列短视频创作工作，对短视频广告的曝光和转化产生直接的影响作用。

对于短视频团队这个角色来说，他们不仅是为广告主拍摄广告视频，还要本着为粉丝提供优质内容的心态，这样才能吸引到粉丝的关注和参与，内容才是短视频的真谛，而这些被内容吸引过来的粉丝，就是短视频团队的财富。短视频团队只有转变传统的广告思维，注重内容，注重用户体验，才能让粉丝的痛点和广告主的宣传需求完美结合起来，打造出高转化的短视频广告作品。

除了"一条""二更""三感"外，还有六点半团队（代表作《陈翔六点半》）、罐头场（代表作《日食记》）、即刻视频（代表作《使馆主厨》）、罐头视频（代表作《罐头小厨》）、蜂群影视（代表作《一杯》《我的前任是极品》）等短视频团队共同鲸吞了行业90%的收入。

例如，蜂群影视团队如今已扩张到500多人，围绕泛生活领域打造强大的短视频矩阵，如"一杯""麦馆""汤店"等美食类账号，"那些不敢说的秘密""小学生看世界"等泛娱乐类账号，以及金融理财类和英语教育类等都有所涉及。

12.2.2 短视频广告合作的变现流程

在短视频领域中，对于那些拥有众多粉丝的账号和达人来说，广告是最简单直接的变现方式，他们只需在自己的平台或短视频内容中植入广告主的广告，即可获得一笔不菲的收入。

1. 短视频广告合作的变现方式

广告变现是短视频盈利的常用方法，也是比较高效的一种变现模式，而且短视频平台的广告形式可以分为很多种，比如冠名广告、浮窗LOGO、植入广告、贴片广告以及品牌广告等。创意植入广告可以说是短视频创作者直接可见的变现手段，一是收入快，二是有新意。

当然，值得注意的是，各大短视频平台运营水平参差不齐，极大地影响了变现的效果，那么，究竟怎样的运营方式才能实现广告变现呢？

笔者认为一是要有一定的人气基础，二是植入广告的内容要求优质，如此才能实现广告变现的理想效果。下面分别介绍短视频平台常见的广告合作变现方式，如图12-9所示。

冠名广告	指的是运营者在平台上策划一些有吸引力的短视频或挑战赛活动，并设置相应的活动赞助环节，以此吸引一些广告主的赞助来实现变现。这种广告变现的主要表现形式有3种，即片头标板、主持人口播和片尾字幕鸣谢
植入广告	指短视频创作者以在视频内容中软性植入广告的形式。它一般在短视频里不会介绍产品，直白地夸产品有多好的效果，而是选择将产品渗入到视频情节中去，在潜移默化中将产品信息传递给观众，从而让他们更容易接受产品
品牌广告	即以品牌为中心，为品牌和企业量身定做的专属广告。这种广告形式从品牌自身出发，完全是为了表达企业的品牌文化、理念而服务，致力于打造更为自然、生动的广告内容。这样的广告变现更为高效，因此制作费用也相对较贵
贴片广告	即通过展示品牌本身来吸引大众注意的一种比较直观的广告变现方式。这一广告变现形式主要出现在推送的视频内容中，且一般出现在片头或者片尾，紧贴着视频内容

图12-9 常见的短视频广告合作变现方式

例如，"一条"推送的以短视频为主的内容一般都是把内容与品牌信息结合在一起，是软性的广告植入，不会太生硬，而且能够有效地传递品牌理念，增强用户的信任感和依赖感，这也是利用短视频广告变现的一种有效方式。

2. 短视频广告合作的基本流程

短视频广告合作的基本流程如图12-10所示。

预算规划	广告主进行广告预算规划，选择广告代理公司和短视频团队，进行意向沟通
价格洽谈	广告主明确表达自己的推广需求，根据广告合作形式、制作周期以及达人影响力等因素与合作方商谈价格
团队创作	广告主需要和短视频团队充分沟通品牌在短视频中的展现形式，以及确认内容、脚本和分镜头等细节创作

第12章 广告带货：软植入实现品牌合作营销

| 视频拍摄 | 短视频团队在实际拍摄过程中，广告主或代理公司需要全程把控，避免改动风险，抓牢内容质量 |
| 渠道投放 | 将制作好的短视频投放到指定渠道，吸引粉丝关注，并进行效果量化和评估等工作，以及后期的宣传维护 |

图12-10 短视频广告合作的基本流程

12.3 抖音带货视频广告的6大技巧

抖音短视频之所以能够如此火爆，是由于其拥有强大的社交传播能力和广告带货能力。而抖音这两个能力的大小，又是由自身的平台基因和用户的状态决定的，如用户在抖音上是放松、随机和无意识的状态，这种情况下非常容易被动接受广告主的植入信息。

因此，抖商想拍出一个具有广告带货能力的短视频，还需要掌握一些拍摄技巧，将广告巧妙地植入，让用户愿意看完这个15秒的短视频。

12.3.1 具有神奇功能的创意产品

如果你的产品本身就很有趣味和创意，或者自带话题性，则不需要绕弯子，可以直接用抖音来展示产品的神奇功能。

图12-11所示这个短视频是抖音短视频平台一个叫"神奇的电磁炉"发布的，这个账号发布的视频有很多，但是所有的短视频都只有一个内容，那就是神奇的电磁炉。这个电磁炉到底神奇在哪里呢？这个用户在短视频中展示了电磁炉的神奇功能——可以用电磁炉唱歌，而且可以唱出电音的感觉。图12-11是"神奇的电磁炉"发布的短视频作品中的两个视频截图画面，从短视频的

图12-11 "神奇的电磁炉"在短视频中展现产品的神奇功能

点赞数就可以看出，这个神奇的电磁炉受用户的喜爱度有多高。

总的来说，如果你的产品已经做得很有创意并且功能新颖，可以方便随时做展示，就可以在抖音上直接展示做营销推广。例如，讯飞语记App，在抖音上直接展示了App的重要功能，将语音转化为图片。

这种营销方法非常适合一些电商商家，尤其适合一些用法比较独特的商品，比如给厌食的宝宝做好玩饭团的工具、手机壳和自拍杆融为一体的"聚会神器"、会跳舞的太阳花等，都是由一个视频引发的电商爆款，让产品成为热销品。

很多新品上市的时候都有自己的卖点，想传达某一个产品的特色。抖音上有很多达人，他们有自己独特的风格，能把企业的卖点充分展现出来。

12.3.2 放大产品的优势，增强记忆

对于一些功能没有太多亮点的产品，该怎么办呢？可以就产品的某个或某几个独有的特征，尝试用夸张的方式呈现，便于受众记忆。

其实原理与上一小节介绍的方法基本相同，都是展示产品本身，不同之处在于："展示神奇功能"只是简单地展示该功能本身的神奇之处，而"放大优势"则是在已有功能上进行创意表现。

例如，市面上新出了一个智能戒指，为了宣传这个智能戒指的优势，利用短视频发布了一个很神奇的视频。可以利用这个智能戒指秒变投影仪、变触摸屏，照片视频可以放在桌子上面观看，还支持多人多指同时进行操作；可以随地玩游戏，墙上或者任何地方，只要投到的地方就可以玩；还可以通过这个智能戒指的插件控制其他设备，课堂教学时转动屏幕上的物件，如图12-12所示。

 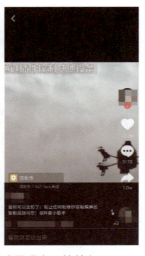

图12-12 用夸张的手法展现产品的特色

整个宣传短视频都是以一种"夸张"的手法在表现,这个视频的目的就是想让人们觉得这个智能戒指很神奇,让观看视频的用户想要去了解这个智能戒指,并且让用户对其产品产生强烈的兴趣。

12.3.3 根据产品的特点策划段子

抖商在策划短视频广告的内容时,可以围绕产品本身的功能和特点,结合创意段子,对常见的产品功能进行重新演绎,打造形式新颖的短视频内容。

如巴黎欧莱雅在抖音上发布了话题挑战——欧莱雅小钢笔胡萝卜妆挑战赛,并在抖音上衍生出了很多花样。比如,边涂口红边运镜,涂完之后加上抖音特效等,吸引大量用户"大开脑洞"地去创新跟拍,将平凡的生活玩出新意。

垂直类账号在进行广告变现时更加容易,账号的垂直细分程度越高,粉丝价值和广告价格也就越高。如美妆、测评类账号,只需要有10多万粉丝,即可开始接广告变现。不过,这些粉丝必须是纯抖音平台的站内粉丝,不包括头条号、火山小视频等其他头条系产品自带的粉丝。

12.3.4 分享干货的使用技巧

知识干货类内容在抖音上非常受欢迎,因为这类短视频讲解清晰,粉丝用很短的时间即可掌握,所以大家都乐于点赞和分享。例如,华为手机就经常在抖音官方账号上发布一些干货类短视频,同时植入产品的各种使用方法,比如华为手机的摄影技巧等,如图12-13所示。

图12-13 华为手机的干货小视频

通过干货性质的短视频内容,观众能够学到一些具有实用性和技巧性的生活常识与操作技巧,从而帮助他们解决平时遇到的一些疑问和难题。基于这一点,也决定了创作者在短视频内容运营方面是专业的,其内容也是能够接地气的,带来的是实实在在的经验积累。

12.3.5 在场景植入中露出品牌

所谓的场景植入也很容易理解,就像我们看电视剧或者电影的时候,在画面中人物角色的背景出现的广告和产品。所以场景植入可以理解为在拍一个搞笑或者娱乐类的抖音视频时,在人物的旁边出现一个要宣传的产品或者产品LOGO等,这样也可以起到一个宣传效果。

场景植入有点像传统广告的植入,就是在视频中的场景进行恰当的品牌露出,让用户记住你家的产品。比如,一个生活小窍门或某个搞笑片段,在场景中悄悄做了植入——如桌角放产品、背后有品牌LOGO或者背景有广告声音等,这样依然能起到很好的宣传效果。

图12-14　场景植入广告示例

如图12-14所示,网红"papi酱"在抖音短视频平台发布短视频的同时给"阿迪达斯"和"OPPO"植入广告,但是她的短视频文案中并没有刻意提到这两个品牌,而是通过娱乐的短视频内容,以场景植入的方式带入产品。

这个短视频中,"papi酱"穿了阿迪达斯的衣服,拿着OPPO手机对着镜子拍照,其场景是今天买了新衣服,要拍照发朋友圈,这种不管是在详情区还是在字幕区,甚至在短视频中除了有这个产品外,没有任何提示这是个广告植入视频,如果是粗心的人,可能就不会发现这两个品牌了。

这种将产品以娱乐的方式呈现在大众面前,不仅增加了其品牌的代入感,相比常见的"硬广告"也更能让观看的用户接受。

12.3.6 提升用户体验,打造口碑

产品好不好,不一定要企业自己来说,企业完全可以在抖音上展示用户体验和产品口碑,从侧面呈现销量的火爆。为了更好地呈现产品口碑,企业可以在抖音展示消费者排队抢购、消费者的笑脸、与消费者合作的尬舞以及被消费者打爆的预约电话等场景画面。

例如,在抖音短视频平台火起来的"海底捞"就是利用视频做口碑营销。视频中经常晒出店门口人来人往的火爆场面,拍出人头涌动的排队场景以及排队消费者们的笑脸和期待心情等做口碑营销。如图12-15所示,拥挤的店门口似乎就是在提醒消费者:"我们是一家网红火锅店,大家都说好吃,服务又好,你不来尝尝吗?"

图12-15 "海底捞"的短视频口碑营销

如果用户希望自己的受众人群大,播放、点赞的人数多,建议可以通过这种形式展现:封面一定要会借力,然后标题写得要有吸引力,做到这些,相信你的作品会很快火爆起来。切记:视频中不得含有任何负面内容!

第13章

IP打造变现：
掘金新"网红"经济时代

要点展示
- 抖商"网红"的出路在哪里
- IP＋品牌，形成抖音变现的新渠道
- 如何利用IP变现你知道吗

学前提示

短视频的火爆，让人人都有可能成为爆款IP，而随着新媒体的发展，IP也越来越受人们关注。对于抖商来说，最轻松的变现方式莫过于将自己打造为一个超级IP，当然这需要你具备一定量级的粉丝，而且能够对粉丝产生明星效应。

13.1 抖商"网红"的出路在哪里

随着抖音平台的广告和电商功能越来越完善,抖商变现的门槛也越来越低,这也导致竞争越来越激烈。各种新媒体平台争相进入内容领域,让很多人有了成为IP的机会。此时,内容已经不是成为IP的最大权重了,那么抖商"网红"的出路又在哪里呢?本节从3个方面分析这个问题。

13.1.1 打造强大变现带货能力

首先,抖商"网红"要想在短视频浪潮中"活下去""活得好",就必须打造强大的变现带货能力,为内容输出提供源源不断的资金和资源。短视频平台也意识到了这一点,如抖音、快手等都在全力布局广告、电商等变现生态圈,加速帮助"网红"变现的步伐,增强他们的"生命力"。与此同时,变现带货能力也成为了"网红"是否具备商业价值的重要体现。

抖商需要趁着短视频红利期去运营各种短视频平台,积累粉丝,就相当于有了自己的私域流量,以后想要怎样变现都是可以的。

13.1.2 选品和内容的相关程度

对于短视频IP来说,选品必须和自己的内容定位紧密相关。短视频"网红"本身就是一个辨识度极高的IP标签,想要在短视频变现中做出一番作为,必须牢记这句话:"七分靠选品,三分在运营。"

抖商选择产品,这个过程就好像是在种植果树,第一步就是考虑种植哪种果树。换句话说,抖商应该分析自己的用户肖像,深刻理解目标用户的兴趣点和购买行为。因此,第一步就是种植目标用户感兴趣的"果树"(商品),并且给它提供合适的肥料(内容),这样才能开花结果,获得丰收。

13.1.3 红人与品牌的合作深度

红人与品牌的合作深度,注重的是销售渠道的精准度,效果取决于红人的个人影响,当然也有小概率的病毒传播效应。很多品牌都通过抖音红人和IP合作打响了自己的知名度。例如,在《星球大战》首映前夕,百事可乐推出限量版的《星球大战》黑罐产品,同时在抖音上做话题营销,视频参与人数达到3.6万,广播次数达到2.2亿,好评达到686万。

短视频可以创造流行、带来流量,而且能够让观众觉得有趣还能参与其中。因此,越来越多的品牌开始选择与网络红人合作来宣传品牌,这样不仅性价比更高,而且传播效果也有可能会更胜一筹。未来，抖商"网红"可以通过打造IP，加强与品牌的合作，来实现更好的商业变现。

13.2 IP＋品牌，形成抖音变现的新渠道

"IP＋品牌"能够借助火爆的短视频内容效应带动粉丝，而达到流量与价值的双重变现。超级IP是一副好牌，品牌实力不容小觑，通过短视频将双方紧密结合，是抖音变现的一个新渠道。

13.2.1 探索抖音和IP的共性

抖音和超级IP的共性在于引流，抖音可以为品牌带来大量的流量，同样的，IP也具备这个能力。在互联网中创业，可以说流量是最重要的"武器"，没有流量就难以赢得市场，没有消费者就不会产生收益。因此，可以说现在就是一个"粉丝时代"，拥有流量的品牌或IP才能真正做好做大。

IP流量变现是"网红"经济的本质特征。例如，来自淘宝的"网红"店铺——"陈儒兵服饰企业店"以时装搭配风靡网络，主播真诚又谦虚的性格赢得了无数粉丝的支持，仅仅在淘宝上就累积了10多万的精准粉丝，如图13-1所示。

只要是她买过的东西，很快就会被粉丝们跟风买断。"陈儒兵服饰企业店"也开通抖音橱窗，通过抖音的IP效应给淘宝店铺引流，单件商品的浏览数达到了惊人的51.7万，曾入选抖音"好物榜"的第一名。

在互联网中，"网红"与明星一样，他们的一招一式都成为了粉丝们模仿的对象，如服饰习惯、发型妆容等。粉丝之所以关注这些网络红人，并不只是为了购买他们的商品，更多的是因为喜欢他们创作的内容，这也证实了他们拥有同样的消费观和价值观，从而成为一个黏性极高的垂直消费群体。

尤其是短视频内容让IP能够更好更完整地诠释产品的特质，这样不仅将IP原本的平面形象的

图13-1 "陈儒兵服饰企业店"淘宝店铺

壁垒打破，而且还能够提升粉丝对于产品的认知，更容易打造出爆款，实现变现。

13.2.2 做好品牌变现的定位

根据抖音的基础用户画像报告显示，抖音的用户边界正在不断扩展，年龄段不断扩大。抖音用户的男女比例基本持平，90%以上的用户年龄在35岁以下，整体学历偏高，而且重点城市为一二线城市，同时正在不断辐射三四线城市的广泛人群。

从抖音用户群体可以看出来，并没有划分出明显的圈层，用户都只会看自己喜欢的内容。因此，品牌如果想要扩散到更广泛的人群，必须在内容上下功夫，此时定位就相当重要了。

例如，哈尔滨啤酒凭借着抖音短视频开屏、信息流等高价值广告曝光资源，以及强互动参与度的挑战赛活动，轻松"抖出"11亿曝光。为了营造"夏天就要喝啤酒"的清爽欢庆氛围，哈尔滨啤酒在抖音发起"#跨界搞事一起哈啤#"主题挑战赛，视频总播放次数超过11亿次，如图13-2所示。这得益于哈尔滨啤酒的"明星IP示范＋达人效应"引流，和符合世界杯气氛的定制化道具贴纸及BGM，引发了大量的抖音用户自发持续产生优秀作品。

图13-2 哈尔滨啤酒抖音号和主题挑战赛

品牌定位与IP属性相符合，IP营销自然不会成哑炮。做定位的核心标准就是要做到让人第一时间想到你。因此，在进行短视频变现时，品牌与IP一定要从内容上建立起强关联，从过去传统的去商业化转变为娱乐化，并通过垂直定位打造细分领域的不可替代的影响力。

13.2.3 制作热门的视频内容

如今,品牌已经进入一个"产品即媒体,内容即品牌"的时代。IP与品牌合作通过短视频变现,在制作短视频内容时需要把握以下几个原则。

(1)**放低门槛**。IP与品牌在合作过程中,用户定位的重要性要远远大于内容定位,因此需要将自己的门槛调低一些,从而获得更多的用户。

(2)**寻找话题**。话题可以有效连接品牌和用户,话题可以是品牌故事、产品卖点、有趣的段子等,也可以在标题上借助社会上的一些时事热点、新闻的相关词汇来给短视频造势,增加点击量。品牌可以在抖音平台上参与各种符合自身定位的话题,这样短视频就会自动被系统纳入话题列表中,被其他关注该话题的人看到,这相当于进入了一个更大的流量池。

(3)**引起共鸣**。情感是人人都有的,而情感的共鸣则是吸引观众眼球的绝佳方式。因此,品牌可以拍摄有趣的、正能量的短视频内容,并在其中加入情感的因素,即可达到走进观众内心的目的,迅速占领用户心智,提升短视频的播放量和点赞量,为品牌或产品赋能。抖音甚至将"正能量"纳入了"抖音热搜榜单",与"热搜榜"和"视频榜"排在同一位置上,可见这方面的短视频将获得更多的系统流量扶持,这也是品牌上热门的一个很好的突破口,如图13-3所示。

图13-3 "正能量"抖音热搜榜单

13.2.4 选择合适的活动方式

抖音挑战赛无疑是目前引流效果最好的活动方式,不仅可以让品牌与用户更好地进行互动,还可以引发用户自行传播,产生裂变传播效应,非常适合品牌打造IP。在抖音的

"发现精彩"模块中,还以轮播广告的形式曝光了时下的热门挑战赛,可以看到都是一些大品牌发起的,引流效果非常显著。

在抖音,品牌可以通过与IP合作,用多种互动玩法来与用户实现强效交互,其中挑战赛作为覆盖人群最广、用户参与度最高的玩法,成为赋能品牌、提升品牌影响力的主力军。

13.2.5 塑造核心IP价值观

在抖音上拥有众多粉丝的超级IP不但可以帮助商品实现品牌溢价,还能为商品提供直接销售渠道,如图13-4所示。这一点也被很多企业看中,从而去签约和培养大量的网红。

图13-4 "网红"的电商价值

目前,大部分的时尚品牌都在尝试通过IP与粉丝经济来引导消费,如服装、化妆品和美食等。超级IP通常都有属于自己的"铁杆粉丝",短视频可以将IP作为一个全新的营销切入点,效果通常要好于传统的营销方式。

过去,品牌与消费者基本上没有任何联系,即使有联系也都是单向的,更没有粉丝一说。而在IP时代,品牌与粉丝之间的互动能力已经成为企业经营能力的一种表现,甚至达到了"无粉丝便无品牌"的地步。

生产短视频内容的IP都具有较高的辨识度,能够引起用户关注的欲望,使得IP变现越来越受到品牌的青睐。当然,品牌在短视频平台中运用IP的"粉丝经济"来营销和变现,也需要掌握一定的技巧,塑造核心IP价值观,如图13-5所示。

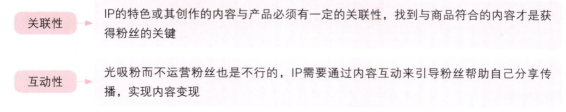

图13-5 "品牌+IP"的营销和变现技巧

总之，品牌在打造IP的过程中，当价值观明确后，才能轻松地做出决定，对内容和产品进行定位，才能突出自身独特的魅力，从而快速吸引关注。

13.2.6 依靠用户的信任变现

在打造人物IP的过程中，抖商需要培养自身的正能量和亲和力，可以将一些正面、时尚的内容以比较温暖的短视频内容形式第一时间传递给自己的粉丝，让他们信任你，在他们心中产生一种具备人格化的偶像气质。

品牌或抖商打造个人IP，主要目的其实是为了赢得用户的信任。那么，用户为什么要信任你，而不信任别人呢？这个时候你的短视频就是最好的见证，能够帮助你塑造一个专业的、权威的品牌形象。

有了用户的信任，还怕卖不掉产品吗？阿里巴巴推出的一系列虚拟信用卡产品，如蚂蚁花呗、蚂蚁借呗以及备用金等，这些都是基于用户的信任情况来给予他们一定的提前消费额度，没钱的时候可以"先花后还"。

当然，抖商创业要想获得真正的成功，一个重要的考量就是"变现"，即使你具备再强的实力，但却赚不到一分钱，那么你的价值就没有得到真正的体现。IP的出现将人们带入了新的商业时代，他们不但有效刺激了新销售经济的发展，而且曝光度和交易频率也越来越高，同时具备较强的商业变现能力。

13.3 如何利用IP变现

抖音电商运营者的短视频内容如果无法变现，就像是"做好事不留名"，在商业市场中，这种事情基本上不会发生，因为盈利是商人最本质的特征，同时也是能体现人物IP的价值所在。如今，大IP的变现方式多种多样，本节主要介绍一些常见的IP变现方法。

13.3.1 多向经营实现增值

抖音电商运营者要把个人IP做成品牌，当粉丝达到一定数量后可以向娱乐圈发展，如拍电影电视剧、上综艺节目以及当歌手等，实现IP的增值，从而更好地进行变现。如今，抖音平台上就有很多"网红"进入娱乐圈发展，包括费启鸣、颜人中、摩登兄弟刘宇宁和冯提莫等。

例如，作为一个颜值和动人歌喉兼具的主播，颜人中在抖音上发布了大量歌唱类短视频，如今他成为了拥有800多万粉丝的大IP，图13-6所示为颜人中的抖音个人主页。正是因为在抖音平台上的巨大流量，颜人中被电视节目邀请，参与了《蒙面唱将》节目。

图13-6　颜人中的抖音个人主页

13.3.2　利用名气承接广告

当抖商的抖音积累了大量粉丝，账号成了一个知名度比较高的IP之后，可能就会被邀请做广告代言。此时，抖商便可以赚取广告费的方式进行IP变现。抖音中通过广告代言变现的IP还是比较多的，它们共同的特点就是粉丝数量多、知名度高。图13-7所示为费启鸣的抖音个人主页，可以看到其粉丝量是比较多的。

图13-7　费启鸣的抖音个人主页

正是因为有如此多的粉丝，费启鸣成功接到了许多广告代言，其中不乏一些知名品牌。广告代言多，又有不少是知名品牌，费启鸣的广告代言收入可想而知。

同时，抖音短视频也在不断反哺娱乐圈，通过赞助多个综艺节目来加速自身的"造星"模式进程，进一步给"网红"提供更多的推广和制作扶持，为抖音的红人输送体系做好了铺垫。

总之，短视频IP获取盈利的方式五花八门，但与传统实体不同的是，创造利润的根本途径在于用户的支持和购买行为。无论对于商家还是短视频IP来说，用户永远是他们获取利润的源泉。

13.3.3 出版图书内容变现

图书出版主要是指抖音电商运营者在某一领域或行业经过一段时间的经营，拥有了一定的影响力或者有一定经验，并将自己的经验进行总结后，然后进行图书出版，以此获得收益的盈利模式。

短视频原创作者采用出版图书这种方式去获得盈利，只要抖音短视频运营者本身有基础与实力，收益还是很乐观的。

例如，抖音号"Shawn Wang"的号主王肖一便是采取这种方式获得盈利的。王肖一通过抖音短视频的发布积累了70多万粉丝，成功塑造了一个IP，图13-8所示为"Shawn Wang"的抖音个人主页。

因为多年从事摄影工作，王肖一结合个人实践编写了一本无人机摄影方面的图书，如图13-9所示。该书出版之后短短几天，单单"Shawn Wang"这个抖音号售出的数量便达到了几十册，由此不难看出其受欢迎程度。而这本书之所以如此受欢迎，除了内容对读者有吸引力外，与王肖一这个IP也是密不可分的，部分抖音用户就是冲着王肖一这个IP来买书的。

图13-8 "Shawn Wang"的抖音个人主页

图13-9 王肖一编写的摄影书

另外，当你的图书作品火爆后，还可以通过售卖版权来变现，小说等类别的图书版权可以用来拍电影、拍电视剧或者网络剧等，这种收入相当可观。当然，这种方式可能比较适合那些成熟的短视频团队，如果作品拥有了较大的影响力，便可进行版权盈利变现。

13.3.4 转让账号、形象代言

在生活中，无论是线上还是线下，都是有转让费存在的。而这一概念随着时代的发展，逐渐有了账号转让的存在。同样的，账号转让也是需要接收者向转让者支付一定的费用的，就这样，最终使得账号转让成为获利变现的方式之一。

而对抖音等短视频平台而言，由于抖音号更多的是基于优质内容发展起来的，因此，在这里把抖音号账号转让获利归为原创内容变现的方式。如今，互联网上关于账号转让的信息非常多，在这些信息中，有意向的账号接收者一定要慎重对待，不能轻信，且一定要到比较正规的网站上来操作，否则很容易受骗上当。

例如，鱼爪新媒平台可以转让的账号有很多种，如头条号、微信公众号、抖音号和快手号等，且在不同的模块下，还提供了转让的价钱参考，如图13-10所示。

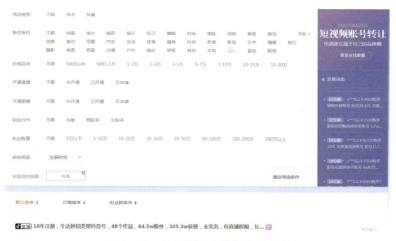

图13-10　鱼爪新媒上的抖音号转让

形象代言人是一些明星、商界大腕、自媒体人等人物IP常用的变现方式，他们通过有偿帮助企业或品牌传播商业信息，参与各种公关、促销、广告等活动，促成产品的购买行为，并使品牌建立一定的美誉或忠诚。

13.3.5 直播卖货和刷礼物

对于那些有直播技能的主播IP来说，最主要的变现方式就是通过主播工作来赚钱了。

粉丝在观看主播直播的过程中，可以在直播平台上充值购买各种虚拟的礼物，在主播的引导或自愿情况下送给主播，而主播可以从中获得一定的比例提成以及其他收入。

这种变现方式要求人物IP具备一定的语言和表演才能，而且要有一定的特点或人格魅力，能够将粉丝牢牢地"锁在"你的直播间，还能够让他们主动为你花费钱财购买虚拟礼物，或者为他们推荐相应的商品，赚取佣金或提成。

13.3.6 内容付费培训服务

目前，内容市场上的主流盈利做法是"内容免费，广告赞助"，而知识交易则完全相反，正如罗振宇提倡的"知识转化为交易"一样，它是一种直接收费的内容盈利模式。

例如，"问视"就是一个付费视频问答平台，通过结合短视频内容和知识付费变现模式，用户可以用短视频的形式回答问题，从而通过自己的知识得到变现，实现知识的附加价值，如图13-11所示。

图13-11 "问视"平台的知识变现模式

另外，大IP还可以用培训课程、考研教育等模式变现，这些方法非常适合一些做知识类方向的短视频"抖商"。